5-Minutes Cognitive Trainings for Classroom

1日5分！
教室で使えるコグトレ

困っている子どもを支援する
認知トレーニング122

児童精神科医・医学博士
宮口幸治【著】

東洋館出版社

はじめに

なぜコグトレが必要なのか？

　私はこれまで少年院で勤務してきました。勤務当初、凶暴な連中ばかりがいるのではと身構えていたのですが、実際は想像と異なりました。簡単な足し算や引き算ができない、漢字が読めない、簡単な図形を写せない、短い文章すら復唱できない、身体が不器用といった少年が大勢いたのです。見る力、聞く力、想像する力がとても弱く、そのせいで聞き間違えたり、周りの状況が読めなくて対人関係で失敗したり、被害的になったりしていたのです。そしてそれが非行の一因にもなっていることに気づきました。

　それら以外にも、感情コントロールが苦手ですぐキレる、嫌なことを断れず流されてしまう、人に助けを求めることができない、計画を立てるのが苦手で思いつきで行動する、身体の使い方が不器用で仕事が続かない、力加減ができず人に大怪我をさせてしまう、など多くの生きにくさを抱えていました。そのような彼らに"苦手なことは？"と聞いてみますと、みんな口を揃えて「勉強」「人と話すこと」と答えました。

　そのとき私は、2つのことを感じました。1つは、非行の反省もさることながら、見る力や聞く力、人とコミュニケーションをとる力、感情をコントロールする力、計画を立てる力、身体をうまく使う力といった本人たちの発達レベルに応じた、根本的なところから教育をし直さないといけないことであり、そこでそれらに対応したトレーニングを外部の作業療法士の先生方の力もお借りしながら作成し、少年院で施行してきました。そしてもう1つは、彼らはいったい学校でどう過ごしていたのだろう、ということでした。もし学校でそういったトレーニングを受けていたら彼らは非行化しなかったし、被害者も生まれなかったのではないかと。

　一方で、私は一般の小・中学生を対象に学校コンサルテーションや発達相談にも携わってきましたが、学校教育現場でも多くの子たちが同じようなところで躓いていることにも気づきました。それが 8～9 頁にある**「困っている子どもの特徴〈5 点セット +1〉」**（認知機能の弱さ、感情統制の弱さ、融通の利かなさ、不適切な自己評価、対人スキルの乏しさ + 身体的不器用さ）だったのです。そこで、子どもたちが不適応や非行化につながる前に少しでも早くこれらへの支援が必要だと感じたこと、学校の先生方から少年院でのトレーニングをぜひ使ってみたいとの声を多く頂いたこと、また私も学校教育でこそこういったトレーニングが必要だと感じ、5 点セット +1 に対応させた**"社会面、学習面、身体面への包括的支援（コグトレ）"**をぜひ学校で、という思いが本書の原点となりました。

◆　コグトレとはどのようなトレーニングか？

　本書の核ともなっている**"コグトレ"**は、もともと非行少年たちに少しでもよくなって

らって社会に返してあげたいといった思いから始まったトレーニングです。"コグトレ"とは、『認知○○トレーニング』の略称で、○○には「ソーシャル（→社会面）」「機能強化（→学習面）」「作業（→身体面）」が入ります。学校や社会で困らないために3方面（社会面、学習面、身体面）から子どもを支援するための包括的プログラムです。

　現在の学校教育は国語や算数といった教科教育が主ですが、私としては社会性こそが教育の最終目標ではないかと思っています。勉強だけできても社会性に問題があれば社会でうまく生きていけないばかりか、犯罪に繋がる可能性もあります。IQが高くても、これをやればどうなるか？　といったことが予想できない子どもたちがいます。また感情コントロールがうまくいかなければ正常な判断ができなくなります。実生活では勉強だけでなく、社会的な問題解決力と感情コントロールがとても大切なのです。それほど重要な社会面への教育をどうして学校教育で体系的に取り組まれていないのか、いつも不思議に感じています。

　やはり勉強はできるに越したことはありません。勉強への挫折が非行化につながるケースも多く見てきました。それには学習の土台となる見る力、聞く力、想像する力をつける必要があります。さらに身体面への支援も欠かせません。身体的不器用さは身体的自立の妨げになる以外にも、その不器用さが周囲に知られて自信をなくし、イジメのきっかけになることもあるからです。したがって社会面、学習面、身体面の3つの方向からの子どもの理解と支援が必要と考えます。

　ただ、こういったトレーニングの必要性は分かるし是非やってみたいが、今の学習指導要領ではまとまった時間を取るのが極めて困難だという声もお聞きしました。そこで、通常のクラスで、朝の会など1日5分といったわずかな時間を利用して1年かけてコグトレに取り組めないかと考えて、本書の内容を作成してきました。

本書の構成は？

　本書は、最初に「困っている子どもの特徴5点セット+1」についてご説明し、それぞれに対応させた以下の3方面、計6分野のトレーニング（総数122課題）から構成されています。

○学習面への支援
　　注意力をつけるトレーニング………………………62課題
○社会面への支援
　　感情をうまくコントロールできるトレーニング…………15課題
　　危険なことを察知するトレーニング……………… 6課題
　　人との接し方を学べるトレーニング………………17課題
　　問題をうまく解決するトレーニング………………14課題
○身体面への支援
　　身体をうまく使うトレーニング……………………… 8課題

　これらのトレーニングを教室で1日5分、およそ1年（32週）でできるように作成され

ています（一部、終わりの会などの5分も利用するトレーニングも含まれています）。

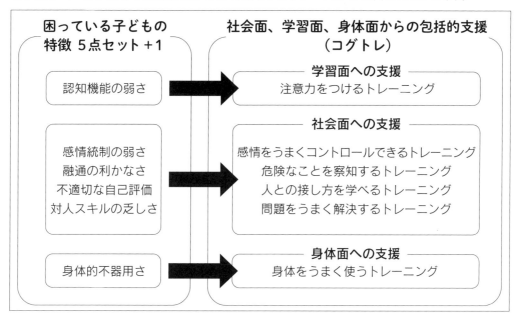

図　本書のトレーニングの構成

本書の使い方は？

　使用にあたっては、本書のワークシートを人数分コピーしてお使いください。ワークによっては事前に準備が必要なものもあります。朝の会の5分で時間が足りない場合は終わりの会の5分も利用する、また各教科に関連したワークであればその教科時間の一部を使って実施するなど様々な使い方が考えられます。子どもたちが万遍なく様々な力をつけられること、そして不適応な行動や非行が少しでも減ることに本書が少しでもお役に立てれば幸いです。

　なお1日5分では時間が不十分な子どもたちもいます。もっとトレーニングが必要と思われる子どもたちには学習面への支援である『コグトレ　みる・きく・想像するための認知機能強化トレーニング』（宮口幸治著、三輪書店）、身体面への支援である『不器用な子どもたちへの認知作業トレーニング』（宮口幸治・宮口英樹編著、三輪書店）もご参照ください。

　最後になりましたが、本書の制作にあたり当方の趣旨にご賛同頂きました東洋館出版社様、本書の構成や内容に最後まで丁寧にアドバイス頂きました編集部の大竹裕章様に心より感謝申し上げます。

平成28年10月1日

立命館大学　宮口　幸治

1日5分！
教室で使えるコグトレ　目次

はじめに　　1

理論編：困っている子どもの背景と特徴　　7

困っている子どもの背景　　8
困っている子どもの特徴
① 認知機能の弱さ　　10
② 感情統制の弱さ　　12
③ 融通の利かなさ　　14
④ 不適切な自己評価　　16
⑤ 対人スキルの乏しさ　　18
⑥ 身体的不器用さ　　20

支援編：教室で使えるコグトレ　　23

ワークシートの使用方法　　24
学期計画例　　26
通級指導教室・気になる子への個別指導例　　28
ワークシート一覧　　30
年間の使用計画例　　32

① 注意力をつけるトレーニング　　34

見る力をつけよう　　36
コグトレ「見る力をつけよう」①〜⑯
聞く力をつけよう　　54
コグトレ「最初とポン」①〜⑩
コグトレ「最後とポン」①〜⑩
コグトレ「何が一番？　何が何番？」①〜⑩
集中力をつけよう　　70
コグトレ「集中力をつけよう」①〜⑯

②感情をうまくコントロールできるトレーニング　88

この人はどんな気持ち？　90
コグトレ「この人はどんな気持ち？」①〜④

この人たちはどんな気持ち？　96
コグトレ「この人たちはどんな気持ち？」①〜⑥

違った考えをしよう　104
コグトレ「違った考えをしよう」

悩み相談室　108
コグトレ「悩み相談室」①〜④

③危険なことを察知するトレーニング　114

何が危ない？　116
コグトレ「何が危ない？」①〜⑥

④人との接し方を学べるトレーニング　124

自分を知ろう（過去・未来の自分と手紙交換）　126
コグトレ「過去・未来の自分と手紙交換」①〜⑧

自分を知ろう（学期ごと山あり谷ありマップ）　136
コグトレ「学期ごと山あり谷ありマップ」①〜③

人にものを頼もう　142
コグトレ「人にものを頼もう」①〜②

うまく謝ろう・断ろう　146
コグトレ「うまく謝ろう・断ろう」①〜④

⑤問題をうまく解決できるトレーニング　152

あなたならどうする？　結果が決まっているケース　154
コグトレ「あなたならどうする？　物語」①〜⑥

あなたならどうする？　結果が決まっていないケース　162
コグトレ「あなたならどうする？　物語」⑦〜⑩

次からどうする？　168
コグトレ「次からどうする？」①〜④

⑥身体をうまく使うトレーニング　174

- **コグトレ** 指先を使おう（綿棒積み）　176
- **コグトレ** 指先を使おう（わっか作り）　178
- **コグトレ** 指先を使おう（色紙ちぎり）　180
- **コグトレ** 指先を使おう（ボール積み）　182
- **コグトレ** 集中しよう（おちたおちた）　184
- **コグトレ** 集中しよう（船長さんの命令で）　186
- **コグトレ** 動きを伝えよう（真似をしよう）　188
- **コグトレ** 動きを伝えよう（相手に伝えよう）　190

解答編

「見る力をつけよう」①〜⑯　解答　192
「集中力をつけよう」①〜⑯　解答　196

著者略歴　200

理論編
困っている子どもの背景と特徴

困っている子どもの背景

困っている子どもの様々な行動

　学校教育現場で先生方が頭を抱える子どもの行動は様々です。現在、学校コンサルテーションで幼稚園から小学校・中学校に伺う機会がありますが、そこで取り上げられる子どものケースは、発達や学習の遅れ、発達障害、自傷行為、粗暴行為、いじめ、不登校、非行、親の不適切養育などの課題が入り交じり複雑な様相を呈しています。例えば次のような子どもはケースでもよく見られる子どもの特徴です。ではその背景にはどのような原因が考えられるのでしょうか？

- コミュニケーション力が乏しい
- 対人関係が苦手
- 融通が利かない
- 想像力が乏しい
- 相手の気持ちが分からない
- 衝動的になってキレやすい

　ここで「これは発達障害では？」とイメージされた先生もおられるかもしれません。確かに、これらの症状は「自閉スペクトラム症」にとてもよく似ています。以下、大雑把に診断基準と比較してみますと、

- コミュニケーション力が乏しい…………意思伝達の障害
- 対人関係が苦手……………………………対人的相互反応の障害
- 融通が効かない……………………………行動、興味、活動の限局性
- 想像力が乏しい……………………………想像力の障害（ウィングの3主徴）
- 相手の気持ちが分からない………………対人的相互反応の障害
- 衝動的になってキレやすい………………対人的-情緒的関係の障害

　と、大体当てはまってしまいます。では、そのように困っている子どもは皆、発達障害なのでしょうか？　勿論、それぞれの症状には質的な違いがあり、診察ではその微妙な違いを見分け

診断していきます。しかし、ここで考えてみて下さい。先生方が日頃支援で困っている子どもたちにもこれらの特徴がほとんど当てはまらないでしょうか？

困っている子どもの特徴〈5点セット＋1〉

コミュニケーションが下手で対人関係も苦手、融通が利かず同じ間違いばかりする、直ぐに感情的になる、相手のことを考えずに行動してしまう……。質や程度の差はあれ、これらは発達障害だけの特徴でなく、実は困っている子どもの共通した課題だと私は感じています。そしてそれらには共通点があります。

以下に、これまでに私が出会ってきた"困っている子ども"の特徴の背景にあるものを6つに分類し、「困っている子どもの特徴〈5点セット＋1〉」としてまとめました。保護者の養育上の問題は別として、これらの組み合わせで"困っている子ども"の特徴を全て網羅できるはずです。

①認知機能の弱さ
②感情統制の弱さ
③融通の利かなさ
④不適切な自己評価
⑤対人スキルの乏しさ
　＋身体的不器用さ

以降、この「5点セット＋1」のそれぞれについて詳しく説明していきます。なお「＋1」の身体的不器用さにつきましては、小さい頃からスポーツ等をやり身体機能が優れ、不器用さが当てはまらないケースもあるため、あえて「＋1」としています。

また本書のメインである支援編では、この「5点セット＋1」に対応したトレーニングを用意しています。

困っている子どもの特徴
①認知機能の弱さ

認知機能とは?

　認知機能とは、記憶、知覚、注意、言語理解、判断・推論といったいくつかの要素が含まれた知的機能を指します。分かりやすく言えば五感（見る、聞く、触れる、匂う、味わう）を通して外部環境から情報を得て整理し（認知）、それを元に計画を立て実行し、さまざまな結果を作りだしていく過程で必要な能力です（図1）。つまり認知機能は、受動・能動を問わず、すべての行動の基盤でもあり、教育・支援を受ける土台でもあるのです。

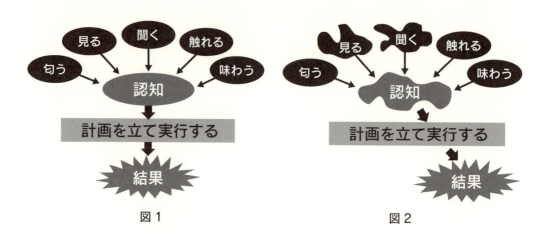

図1　　　　　　　　　図2

もし認知機能が弱ければ?

　しかし、もし五感から入った情報が歪んでいたらどうなるでしょうか？　学校教育現場では、支援手段として「匂う」「触れる」「味わう」を使うことは多くありません。ほとんどが「見る」力、「聞く」力を通して情報を伝えていくわけです。もし、ここで、「見る」力、「聞く」力が（図2）のように歪んでいたらどうなるしょうか。こちらが伝えたいことも伝わらず支援が空回りしたり、また本人がどんなに一生懸命計画を立てても、認知が歪んでいるので結果は違った方向に進んだりしてしまいます。また「見る」力、「聞く」力を補う「見えないものを想像する力」が弱いと自己修正も利きません。これが認知機能の弱さが引き起こす「不適切な行動」の原因となっていると考えられるのです。

具体的にはどのような行動が？

　聞く力の弱さからは、例えば、学校で先生が「算数の教科書の 28 ページを開けて 3 番の問題をやりなさい」と伝えた長い指示が聞き取れず、何とか算数の教科書の 28 ページを開けたとしても、何番の問題までは聞き取れないかもしれません。そこでどうしていいか分からず回りをキョロキョロしたりボーッとしたりして、不真面目に見えるかもしれません。また何か説明しても、直ぐに「はい、分かりました」を連発するのですが、「ではどういうこと？」と聞き返すと正確には答えられないばかりか、全く違った内容を答えたりもします。実際は分かっていないのに分かったふりをして勘違いしてしまうことで、「ふざけている」「やる気がない」「ウソをつく」と誤解されてしまうこともあります。

　また、見る力の弱さからは、文字や行の読み飛ばしが多い、漢字が覚えられない、先生が次々に黒板に書いていくと、どこを追記したか分からないといった学習面の弱さに加え、周囲の状況や空気が適切に読めないため、「自分は皆から避けられている」「自分だけ損をしている」、先生が皆に注意しているのに「いつも自分だけ注意される」等、被害感や不公平感を募らせることもあります。

　見えないものを想像する力の中で大切なものに時間の概念があります。時間概念が弱い子どもは"昨日"、"今日"、"明日"の 3 日間の世界しか想像できません。ですので「1 ヶ月後に試験があるから頑張ろう、スポーツの大会があるから頑張ろう」といった具体的な目標を立てるのが難しいのです。目標がないと人は努力しなくなります。

　努力しないとどうなるでしょうか。大きく 2 つの困ったことが生じます。1 つは、成功体験がないため、いつも自信がもてず自尊感情の低下につながります。もう 1 つは、「人の努力が分からない」ことにもつながります。人の努力が分からないと、例えばある人が一生懸命働いて買った原付バイクを、簡単に盗んでしまったりして非行と関係したりするのです。また他にも、今これをしたらこの先どうなるだろうといった予想が立てられず、その時がよければいい、等周りの状況に流されてしまったりするのです。

　これらのように、認知機能の弱さは勉強が苦手というだけではなく、さまざまな不適切な行動につながる可能性があります。

支援編では

　より基礎的な「知覚」の力と、認知機能を制御するなどの働きがある「注意」の力をつけることに焦点を当て、授業中での注意・集中力を向上させることを目的として「①注意力をつけるトレーニング」を構成しています。

困っている子どもの特徴

②感情統制の弱さ

キレやすい子ども

　人の感情は、大脳新皮質より下位部位の大脳辺縁系が関与しているとされています。五感を通して入った情報が認知の過程に移る前に感情というフィルターを介しますので、情動の制御、つまり感情の統制が上手くいかないと認知過程にも様々な影響を及ぼします。したがって、感情統制の弱さは不適切な行動につながっていきます。

　感情の言語化が苦手で、すぐ「イライラする」と言う、カッとするとすぐに手が出る、ストレスを一人で抱え込んでしまう、という子どもたちがいます。そのきっかけとして"バカにされた"、"自分の思い通りにいかない"などがあります。ところで、バカにされたら誰でも怒りが生じると思いますが、その背景の一つに、〔自分に自信がない〕ことが考えられます。自信がもてない原因には、対人関係がうまくいかない、勉強ができない、じっとしていられず注意ばかりされている、忘れ物が多く叱られている、スポーツができない、手先が不器用、などがあります。そこには発達障害、知的障害があることもあります。もう1つの背景として〔相手への要求が強い〕、〔固定観念が多い〕といった可能性があります。相手に"こうして欲しい"といった要求と、"こうあるべきだ"といった固定観念が根底に多くあるのです。もし相手が自分の思い通りには動いてくれないと、バカにされたといった気持ちが生じそれが怒りとなり、突然キレたりするのです。

「怒り」は冷静な思考を止める

　「怒り」の感情は冷静な思考を止めます。例えば、食堂での出来事です（図1）。子どもたち（A、B、C）が昼食のランチを選ぶのに並んでいるところですが、BがAに気づかず割り込んでしまいました。そしてBはAから怒られています。傍から見ているCにすれば、「Aはそこまで怒らなくてもいいのに。Bは謝ればいいのに」と感じています。Aにとってはちゃんと並んでいたのに割り込まれたので、怒っています。一方、BはAが並んでいたことに気が付かず、Aから突然怒られ、驚いています。冷静であればCのように相手の気持ちを考えられますが、自分がその立場になるとAやBのように怒りや驚きのために適切な行動が取れないのです。特に「怒り」の感情は冷静な思考を止めてしまいます（図2）。我々でもカッとなったら判断を誤ることがあります。子どもならなおさらです。

図1　食堂での一場面

図2　怒りの感情が冷静な思考を止め、反射的な行動に繋がる

　感情統制が大切なもう1つの理由に、感情は多くの行動の動機づけになっていることです。どんなに正しいことを言われても、嫌いな先生の指示にはあまり従いたくないと感じるものです。「この先生が好きだ」、そんな気持ちがあるから、その先生の言うことを聞いてみようという行動が生起されるのです。無条件反射を除くと、感情が全ての行動を支配していると言っても過言ではないでしょう。

支援編では

　感情を理解して言語化していくことが感情統制につながっていきますが、そもそも感情表現が苦手な子どもには容易ではありません。そこで「②感情をうまくコントロールできるトレーニング」では子どもに負担をかけないよう、他者感情の理解から自己感情の理解へと段階的に行っていくよう構成されています。

困っている子どもの特徴

③融通の利かなさ

思考の固さと不適切な行動

　私たちは何か困ったことがあれば、いくつかの解決案（Aの方法、Bの方法、C…、D…、Eの方法など）を考えます。そしてどの方法がいいか吟味し、選択して実行し解決していきます。上手くいかなければ他の解決案を選び直し、再度実行していきます。そこで重要になってくるのが、状況に応じて"融通を利かせる"力です。しかし融通の利かない子どもや頭の固い子は、たいてい解決案が1つか2つしか出てきません。1つしか出てこないと最適な解決案かどうか分かりませんし、また過去に同じ失敗していても何度も同じ間違いをしてしまうのです。

　融通が利かないと日常生活において、

- 思いつきでやってしまうことが多い
  ➡一旦止まって考えることをせずに直ぐに行動に移してしまう。
- 予想外のことに弱い
  ➡やる前から絶対こうだと思って突き進む。そして予想外のことがあると対応できずにパニックになる。
- 1つのことに没頭すると周りが見えなくなる
  ➡1つの作業・課題に対して一部にしか注意を向けられず、様々なヒントがあっても注意を向けられない。

　このような融通の利かない子どもや頭の固い子の特徴が出やすい問題があります。次のような問題です。簡単な計算問題（例えば「100－7」は？）に答えさせた後に、

問い「5個のリンゴを3人で平等に分けるにはどうしたらいいですか？」

　という問題を出してみます。概して回答は大きく2つに分かれます。1つは、1個のリンゴを全て3等分し15個にしてそれを3人に5個ずつ分けていく方法です。間違いではありませんが、わざわざそんなに手間をかけなくても、まず一人に1個ずつリンゴを配り、残りの2個を3人でどうやって分けるかを考えた方が手間が少ないでしょう。

しかし融通の利かない子ども・頭の固い子どもの答えは少し違います。

「先生、これは算数の問題ですね。5÷3ですね……1.6666……割り切れません。分けられません」と答えたりするのです。計算問題を出しているのではないのですが、最初に出した計算問題に引きずられ「これは計算の問題だ」と思い込んでしまい、柔軟に融通を利かせて簡単に分けることができないのです。このような子どもたちは何らかの問題に対して、直ぐに答えを出してしまいます。時間をかけて「ちょっと待てよ……もっと簡単な方法はないかな」といった柔軟な思考や違った視点を持つことがとても苦手なのです。

他にも、

・見たものにすぐに飛びつく
・見えるものの背景や周囲にあるものに気づきにくい
・騙されやすい
・過去から学べず同じ間違いを繰り返してしまう

といった特徴もあります。これらは対人関係においても様々なトラブルに結び付いてしまうのです。

支援編では

柔軟な思考ができるためには様々な解決案を考えることをターゲットとした問題解決型のトレーニングを数多くこなしていくことが効果的です。支援編では「⑤問題をうまく解決できるトレーニング」において、結果（ゴール）が決まっている課題、決まっていない課題、メリット・デメリットの観点から適切な解決案を考える課題を使ってトレーニングしていきます。

また、柔軟な思考は、危険な場所を事前に察知し自身の安全につなげることと関係します。そこで「③危険なことを察知するトレーニング」では、危険箇所を柔軟に察知するトレーニングも行います。

困っている子どもの特徴

④不適切な自己評価

自己評価が不適切な子どもたち

　自己の誤りを正す際の動機づけには、まず"自己の姿に気づく"といったプロセスが必要になります。自己の課題を知り、"もっといい自分になりたい"といった気持ちが変化のための大きな動機づけになるのです。

　ところが、もしここで自己の姿を適切に評価できなければどうなるでしょうか？　自己へのフィードバックが正しく行えず、自分を変えたいといった動機づけが生まれないので誤りを正せないばかりか、社会生活においても様々な不適切な行動につながります。例えば、

・変に自分に自信をもっている、逆に極端に自信がない
・自分のことは棚に上げて、他人の欠点ばかり指摘する
・相手にどんなにひどいことをしても自分は優しい人間だと思っている
・先生から注意をされると、自分は不公平に扱われている、嫌われている、と被害的になる

といった子どもたちはいないでしょうか？　これらの背景には、自分のことをよく理解できていなかったり自己への気づきが少なかったりして、自己に対する適切な評価ができず、自己の問題点や課題が分からないのです。

　ここである子どもの例を出してみます。その子どもは、いつも"カッ"となると直ぐに手が出てしまうなど暴力的で衝動性の高い子どもでした。その子どもに"あなたのいいところは？"と聞いてみたところ「優しいところ」と答えました。

　"直ぐ手が出て暴力的なのにどこが優しいんだ？"と疑問に思われるかもしれませんが、自己理解・評価が不適切だと、どんなに暴力的であったり、悪いことをしていても、「自分は優しい」「自分は普通だ」「人の役に立ちたい」と答えたりするのです。"自分は優しくていい人間だ"と思っている子どもに問題行動に対していくら注意・指導しても、心に響かないのは容易に予想がつきます。

　試しに"どんなところが優しいの？"と尋ねると「小さい子どもやお年寄りに優しい」「友だちから優しいって言われる」と答えたりします。要は、自分にとって都合のいい相手には優しく、そうでない相手には暴力的になったり、友人からの頼みを断れず言いなりになっていたのです。

このような子どもは、変に自分に自信をもっていたり、自分のことは棚に上げて他人の批判ばかりしていたりします。

なぜ自己評価が不適切になるのか？

　ではなぜ適切な自己評価ができない子どもがいるのでしょうか？　それは、適切な自己評価は他者との適切な関係性の中でのみ得られるからです。
　例えば、
「Aさんは、自分と話しているといつも怒った顔をしている。自分はAさんから嫌われているんだ。自分のどこが悪いのだろう」
「皆はいつも笑顔で接してくれる。きっと僕は好かれている。意外と僕は人気があるんだ」
　等、相手から送られる様々なサインを適切に受け取ることで自分はこんな人間かもしれない、と少しずつ本当の自分に気づいていくのです。つまり自己を適切に知るには、様々な状況下において他者とコミュニケーションを行う中で、相手の反応を見ながら自己にフィードバックするという作業を、数多くこなすことが必要なのです。
　もし他人とコミュニケーションを行う中で、相手からのサインに注意を向けない・偏った情報だけ受け取ったりしたらどうなるでしょうか？　おそらく自己へのフィードバックは歪んでしまいます。適切な自己評価には適切な情報収集力が必要なのです。ここには相手からのサインを上手くキャッチするために相手の表情を正確に読み取ったり、相手の言った言葉を正確に聞き取ったりするなどの認知機能が関係してきます。認知機能の大切さは既にお伝えした通りです。
　逆に「僕は自分が嫌い。好きなところもない、いいところもない」と答えるなど、自己評価が極端に低い人もいます。自己評価が低いと「どうせ自分なんて……」と被害感を溜め、怒りへとつながる可能性があります。つまり何事においても自己評価が高すぎたり低すぎたりすると、対人関係でトラブルを引き起こし不適切な行動に結びつく可能性があります。等身大の自己の姿を知り、理想の自分に変わりたいという強い動機づけには、適切に自己を評価できる力が必要なのです。

支援編では

　不適切な自己評価は他者との対人関係の中で問題となってきます。そこで「④人との接し方を学べるトレーニング」の"自分を知ろう"という項目で、"過去・未来の自分と手紙交換"、"学期ごと山あり谷ありマップ"を使い、時間の流れの中で自己の変化に触れ、自己の特性に気づくワークを行っていきます。

困っている子どもの特徴

⑤対人スキルの乏しさ

対人スキルの乏しさとその背景

　子どもたちが最もストレスの感じることの1つとして、友人、親、先生といい関係がつくれないなどの対人関係のトラブルが挙げられます。それは我々大人でも同様でしょう。様々な場面で対人関係がうまくいかないと、学校生活や日常生活においてトラブルにもつながります。対人関係がうまくいくためには、適切な対人スキルが必要です。

　ところで対人スキルの乏しさは様々な要因から生じます。ここではこれまでご紹介した認知機能の弱さや融通の利かなさが、対人スキルの乏しさにもつながる子どもの例を示します。

　次のような子どもがいたとします。

- **相手を不快にさせる言動が目立つ**
  ➡思いついたことを何でも言ってしまって、相手を不快にさせてしまう。
- **会話についていけない、冗談が通じにくい**
  ➡友達が何を話しているか分からない、冗談が分からず会話が続かない。
- **嫌なことを断れない、流されてしまう**
  ➡悪いことでも断れず、一緒にやってしまう、悪友に利用され非行をする。
- **イジメに遭いやすい**
  ➡イジメに遭っても他者に助けを求めることができない。

　これらの背景には、見る力や聞く力、想像する力といった認知機能の弱さのため、相手の表情や不快感に気づかない、その場の雰囲気が読めない、相手の話を正確に聞き取れない、話の背景が理解できず会話についていけない、会話が続かない、といったことが考えられます。これらのためにさらに、うまくコミュニケーションが取れず友だちが出来にくい、悪友に利用される、悪友の言いなりになる、イジメに遭う、などにつながったりするのです。

　ここで融通を利かせて適切な対処方法を考えればいいのですが、それができないと友だちから嫌われないよう、もしくは認めてもらうためにある行動に出ます。例えば学校で何かふざけたことをして周りから「お前、面白い奴だなあ」と言われ、一目置かれたりします。すると、学校でのふざけ行為は強化され次第に悪いこと（学校で暴れるなど）につながっていき、そこに自分の価値を見出すようになったりするのです。また悪いことだと分かっていても嫌われた

くないので、悪友からの悪い誘いを断ることもできません。非行に走る少年たちの中に対人関係が苦手な少年をよく見かけます。聞いてみると、非行は彼らなりの生き残りの1つの手段だったりします。こういった場合は、気が弱く流されて何でも悪友の言うことを聞く対人スキルの乏しい子ほど、非行に走るリスクがあるのです。

　また就労の際にも、対人スキルが乏しいと困ります。現在、第三次産業であるサービス業の占める割合は約七割と言われています。昔に比べ、第一次産業や職人さんのような第二次産業は激減し、人間関係が苦手だからといってそれを避けて職業を選ぶのが難しい時代になりました。つまり対人スキルに問題があると、仕事に就く上でも相当の困難さにつながりかねません。

　一方で対人スキルをトレーニングできる機会は次第に減ってきました。SNSの普及で、直接会話をせずとも文字だけで瞬時に相手と連絡が取れます。SNSがまだ普及していない頃、友人などに電話をかける時には、友人以外の人（家族など）が出ることもありましたので、電話をかける時間帯や言葉遣いなどの礼儀をそれなりに心得ていなければなりませんでした。それは今では必要なく、いっそう対人スキルの乏しさにつながっています。

性の問題行動につながることも

　対人スキルの力が試されることの1つに、男女間の交際があります。例えば男性が好きな女性を射止めるために、デートの約束を取り付ける場合を考えてみますと、いつ、どのようなタイミングでどうやってデートをしたいと伝えるか等、とても高度なスキルが必要です。SNSを使って運よくデートに誘えたとしても、女性と仲良くなるためにはそこから本当の会話スキルが必要になってきます。

　また更に"つき合って欲しい"と気持ちを伝えるとしても、時期が早過ぎたり、脈がない場合もあったりします。ここは十分に相手の心情を読み取るスキルが要ります。もしそのうちの1つでも男性の思い込みで進めてしまい、女性の気持ちに反することをしてしまうと、ストーカー行為や性の犯罪行為につながることもあるのです。

支援編では

　対人スキルそのものであるコミュニケーション力を高めることが必要ですが、それは容易ではありません。そこでここでは、その基礎となる対人マナー力を高めることを目指します。対人マナー力を高めるだけでも、コミュニケーション力は高まります。特にどのような生活の場でも欠かせないスキルのうち、人に［ものを頼むスキル］、［断るスキル］、［謝るスキル］について「④人との接し方を学べるトレーニング」の中の"人にものを頼もう""うまく謝ろう・断ろう"で学んでいきます。

困っている子どもの特徴

⑥身体的不器用さ

身体的不器用さとは

　発達障害や知的障害をもつ子どもたちの中には、運動やスポーツが苦手であったり、身体や手先がうまく使えないといった身体的不器用さを併せもつ子どもがいます。これらの不器用さは、自尊感情の低下や周囲からのいじめの原因となったりすることもあります。例えば、算数のテストで悪い点をとっても隠せば同級生には知られません。しかし身体の動きは隠せません。体育の授業などで不器用さは皆に知られてしまいます。そのため自信を失ったり、いじめの対象となる可能性があるのです。

　また将来、身体を使った仕事や作業に携わる場合には、不器用さがあると更に困ったことが生じます。特に知的障害・発達障害のある人たちは知的なハンディや社会性のハンディ等のためサービス業には就きにくく、肉体労働に従事することが多いですが、不器用、仕事の手順が覚えられない、などの理由で仕事を解雇されるケースもあるのです。また本人にそのつもりがなくても、力加減ができず他人に大怪我をさせ傷害事件に繋がってしまうケースもあり、単に"不器用な人"では片づけられない一面もあります。

　身体的不器用さについては、発達性協調運動症（Developmental Coordination Disorder：以下DCD）といった疾患があります。協調運動とは、別々の動作を一つにまとめる運動です。例えば、皿を洗う行為は、皿を落とさないように一方の手で皿を掴み、もう一方の手でスポンジを握って皿を擦るという、二本の手が別々の動作を同時に行うという協調した運動からなります。DCDはこの協調運動に障害があるため、粗大運動（体の大きな動き）や微細運動（指先の動作）に困難を来すのです。このDCDは5～11歳の子どもで約6％いるとされています。

身体的不器用さの特徴と背景

　不器用な子どもたちの特徴として以下のようなものが見られます。

・人や物によくぶつかる
・物をよく壊す
・力加減ができない
・左右が分からない

・ボールを上手く投げられない
・姿勢が悪い
・じっと座っていられない

　ボディ・イメージが不十分だと物によくぶつかります。左右が分からないと、相手の動作を記憶したり真似をすることが苦手です。左右が分からないことについては、「右手を挙げて」と言ってすぐに右手を挙げることができても、左右が分かっていることにはなりません。先生が黙って右手を挙げてから「真似をして」と言うと、右手を挙げることができないことがあります。これは相手のボディ・イメージを上手く自分に置き換えられないのです。力加減ができない、物をよく壊すのは、自動車で例えるとどのくらいアクセルを踏めばどれだけのスピードが出るのかといったことが分からない状況に似ています。

　姿勢の悪さは体幹の弱さに問題がある場合もあります。特に筋肉の緊張が弱い低緊張の子どもはふにゃふにゃで、まっすぐ立つとお腹が出るような姿勢になってしまい、姿勢がよくありません。姿勢が悪いと手先の細かい運動が難しくなります。更に、姿勢の悪さからじっとしていられず、手先の不器用さにもつながります。

　また手先を使う微細運動には、靴紐を結ぶ、ボタンをかける、といった子どもが自立するのに必要な運動や、折り紙を折る、字を書く、ハサミを使う、楽器をひく、といった創作的活動に必要な運動があります。不器用であれば、体育が苦手というだけではなく、身辺自立や様々な創作的な活動などに困難さを来すことが懸念されるのです。不器用さへの適切な対応は、特別支援教育のみならず幅広く一般の学校教育でも切望されています。

支援編では

　協調運動を円滑に行うためには、適度な固有感覚・筋力調整の他に注意・集中力、動作の予測や記憶なども必要です。支援編ではそれらの機能に対応させトレーニングモジュールを組み合わせた体系的プログラムである認知作業トレーニング（COGOT）を参考にして「⑥身体をうまく使うトレーニング」を構成してあります。

　またこのCOGOTは不器用さが問題とならない子どもたちにとっても、身体を効率よく使う工夫をする、身体を使って注意・集中力をつける、観察力・コミュニケーション力をつける、など身体のみならず認知機能の向上にも役立つよう作られています。

支援編
教室で使える
コグトレ

ワークシートの使用方法

　トレーニングは大きく分けて6つのワークからなります（30～31頁　ワークシート一覧）。ワーク数は157回からなり、1日1回、5分（～10分）、週5日行って32週間（1学期に12週、2学期に12週、3学期に8週）で終了するように構成されています。このスケジュールに沿った進め方のモデル例を以下にご紹介します。それぞれのワーク全体の進め方、週間計画例、学期計画例（表　年間計画例）、通級指導教室・気になる子への個別指導例を示しています。

　もちろん時間に制限があれば、6つのうちのいくつかを組み合わせて施行するなど、適宜ご調整ください。

それぞれのワークの進め方

1）注意力をつけるトレーニング……………………………………〈2回/週×31週間＝62回〉

　週1回は「最初とポン（10回）」と「最後とポン（10回）」を交互に実施し、終了すれば「何が一番？　何が何番？（10回）」を実施します。

　あとの週1回は「見る力をつけよう（16回）」と「集中力をつけよう（16回）」を交互に実施します。

2）感情をうまくコントロールできるトレーニング（1回/週×26週間＝26回）
3）危険なことを察知するトレーニング（1回/週×6週間＝6回）
　　　　………………………………………………………………〈合計1回/週×32回〉

　週1回、「感情をうまくコントロールできるトレーニング」と「危険なことを察知するトレーニング」を交互に実施します。

　「感情をうまくコントロールできるトレーニング」は、「この人はどんな気持ち？（4回）」⇒「この人たちはどんな気持ち？（6回）」⇒「違った考えをしよう（12回）」⇒「悩み相談室（4回）」の順で実施します。

　「危険なことを察知するトレーニング（6回）」は、「感情をうまくコントロールできるトレーニング」の区切りのいいところで適宜実施します。時期的には早い方がいいでしょう。

4) 人との接し方を学べるトレーニング（1回/週×17週間＝17回）
5) 問題をうまく解決できるトレーニング（1回/週×14週間＝14回）
……………………………………………………………………………〈合計1回/週×31回〉

　週1回、「人との接し方を学べるトレーニング」と「問題をうまく解決できるトレーニング」を連続して実施します。

　まず「人との接し方を学べるトレーニング」の「自分を知ろう〜過去・未来の自分と手紙交換（8回）」を各学期と夏休みの最初と最後に、「自分を知ろう〜学期ごと山あり谷ありマップ（3回）」を各学期の最後に実施します。それ以外の週で「人にものを頼もう（2回）」⇒「うまく謝ろう・断ろう（4回）」⇒「問題をうまく解決できるトレーニング」の順で実施します。

　「問題をうまく解決できるトレーニング」は「結果が決まっているケース（6回）」⇒「結果が決まっていないケース（4回）」⇒「次からどうする？（4回）」の順で実施します。

6) 身体をうまく使うトレーニング……………………………………〈1回/週×32週間＝32回〉

　週1回、「身体をうまく使うトレーニング」を行います。ワークはそれぞれ同じものを4回ずつ行います。

　「指先を使おう（計16回）」⇒「集中しよう（計8回）」⇒「動きを伝えよう（計8回）」の順で実施します。

モデル例：週間計画例

　ある1週間について、以下のように進めていきます。例えば、

　　月曜日：「注意力をつけるトレーニング」の「最初とポン」
　　火曜日：「感情をうまくコントロールできるトレーニング」の「この人はどんな気持ち？」
　　水曜日：「人との接し方を学べるトレーニング」の
　　　　　　　「自分を知ろう〜過去・未来の自分と手紙交換」
　　木曜日：「注意力をつけるトレーニング」の「見る力をつけよう」
　　金曜日：「身体をうまく使うトレーニング」の「指先を使おう」の「綿棒積み」

「注意力をつけるトレーニング」は週に2回実施します。

ワークシートの使用方法
学期計画例

〈1学期：12回実施〉

月曜日：① **「注意力をつけるトレーニング」** の「聞く力をつけよう」の
「最初とポン」と「最後とポン」を交互に6回ずつ計12回

火曜日：② **「感情をうまくコントロールできるトレーニング」** の
「この人はどんな気持ち？（1〜4回）」

⇒③ **「危険なことを察知するトレーニング（第1回目）」**

⇒② **「感情をうまくコントロールできるトレーニング」** の
「この人たちはどんな気持ち？（1〜6回）」

⇒③ **「危険なことを察知するトレーニング（第2回目）」**

水曜日：④ **「人との接し方を学べるトレーニング」** の
「自分を知ろう〜過去・未来の自分と手紙交換（第1回目）」

⇒「人にものを頼もう（1〜2回）」

⇒「うまく謝ろう・断ろう（1〜4回）」

⇒⑤ **「問題をうまく解決できるトレーニング」** の
「結果が決まっているケース（1〜2回）」

⇒「自分を知ろう〜過去・未来 の自分と手紙交換（第2回目）」

⇒「自分を知ろう〜過去・未来 の自分と手紙交換（第3回目）」

⇒「自分を知ろう〜学期ごと山あり谷ありマップ（第1回目）」

木曜日：① **「注意力をつけるトレーニング」** の「見る力をつけよう」と
「集中力をつけよう」を交互に6回ずつ計12回

金曜日：⑥ **「身体をうまく使うトレーニング」** の
「指先を使おう」（綿棒積み、わっか作り、ボール積み）を4回ずつ計12回

〈2学期：12回実施〉

月曜日：① **「注意力をつけるトレーニング」** の「聞く力をつけよう」の
「最初とポン」と「最後とポン」を交互に4回ずつ計8回

⇒「何が一番？　何が何番？（1〜4回）」

火曜日：③ **「危険なことを察知するトレーニング（第3回目）」**

⇒② **「感情をうまくコントロールできるトレーニング」** の

　　　　　「違った考えをしよう（1～10回）」
　　　　⇒③**「危険なことを察知するトレーニング（第4回目）」**
水曜日：④**「人との接し方を学べるトレーニング」**の
　　　　　「自分を知ろう～過去・未来 の自分と手紙交換（第4回目）」
　　　　⇒「自分を知ろう～過去・未来 の自分と手紙交換（第5回目）」
　　　　⇒⑤**「問題をうまく解決できるトレーニング」**の
　　　　　「結果が決まっているケース（3～6回）」
　　　　⇒「結果が決まっていないケース（1～4回）」
　　　　⇒④**「人との接し方を学べるトレーニング」**の
　　　　　「自分を知ろう～過去・未来の自分と手紙交換（第6回目）」
　　　　⇒「自分を知ろう～学期ごと山あり谷ありマップ（第2回目）」
木曜日：①**「注意力をつけるトレーニング」**の「見る力をつけよう」と
　　　　　「集中力をつけよう」を交互に6回ずつ計12回
金曜日：⑥**「身体をうまく使うトレーニング」**の「指先を使おう」（色紙ちぎり）を4回、
　　　　　「集中しよう」（おちたおちた、船長さんの命令で）を4回ずつ計8回

〈3学期：8回実施〉

月曜日：①**「注意力をつけるトレーニング」**の「聞く力をつけよう」の
　　　　　「何が一番？　何が何番？（5～10回）」
火曜日：③**「危険なことを察知するトレーニング（第5回目）」**
　　　　⇒②**「感情をうまくコントロールできるトレーニング」**の
　　　　　「違った考えをしよう（11～12回）」
　　　　⇒「悩み相談室（1～4回）」
　　　　⇒③**「危険なことを察知するトレーニング（第6回目）」**
水曜日：④**「人との接し方を学べるトレーニング」**の
　　　　　「自分を知ろう～過去・未来の自分と手紙交換（第7回目）」
　　　　⇒⑤**「問題をうまく解決できるトレーニング」**の「次からどうする？（1～4回）」
　　　　⇒④**「人との接し方を学べるトレーニング」**の
　　　　　「自分を知ろう～過去・未来の自分と手紙交換（第8回目）」
　　　　⇒「自分を知ろう～学期ごと山あり谷ありマップ（第3回目）」
木曜日：①**「注意力をつけるトレーニング」**の「見る力をつけよう」と
　　　　　「集中力をつけよう」を交互に4回ずつ計8回
金曜日：⑥**「身体をうまく使うトレーニング」**の「動きを伝えよう」（真似をしよう、相手
　　　　　に伝えよう）を4回ずつ計8回

> ワークシートの使用方法

通級指導教室・気になる子への個別指導例

　ここでは集団指導に加え、通級指導教室や個別指導が必要と思われる子どもたちへの6つのトレーニングの効果的な使い方についてご説明します。

　なおこれらの子どもたちは、どこで躓いているか等、その特性を知っておく必要がありますので、しっかりとアセスメントされた上で、いずれの場合も弱いところに対してじっくり時間をかけて、繰り返し実施されることをお勧めします。

注意力をもっとつけたい場合

　聞く力をもっとつけたい場合は「最初とポン」「最後とポン」「何が一番？　何が何番？」をもう一度繰り返してみましょう。集中力をもっとつけたい場合も「集中力をつけよう」をもう1回繰り返してみて、初回と比べ時間がどれだけ短縮されたか、ミスがどれだけ減ったかをみてみましょう。

　なお視覚認知や聴覚認知が特に弱い子どもに対しては本書の「注意力をつけるトレーニング」だけでは不十分と思われますので、『コグトレ　みる、きく、想像するための認知機能強化トレーニング』(宮口幸治、2015、三輪書店)などで補充をお勧めします。

感情コントロールがもっとうまくできてほしい場合

　「違った考えをしよう」の回数を増やし、しっかり怒りを下げることができるまで繰り返す、もしくは「違った考えをしよう」をノート形式にして週2回程度、数ヶ月間個別に見て指導していくと効果的です。シートの記載に慣れて怒りをコントロールできるようになってくると、次はシートを使わず、その場で違った考えができるように練習しましょう。

危険なことをもっと学んでほしい場合

　特に支援が必要な子どもにとっては「何が危ない？」の6つのワークだけでは十分ではありません。他に想定される危険な場面をイラスト、もしくは写真で用意し、同様のやり方で継続して行っていきます。

人との接し方をもっと学んでほしい場合

　自分についてもっと知ってほしい場合には、「自分を知ろう」の「過去・未来の自分と手紙交換」を行う頻度を週1回～月1回程度に増やしてみたり、「学期ごと山あり谷ありマップ」

のマップ制作期間を1日単位、1週間単位、1か月単位と調整してみたりするといいでしょう。短期間における心の変化も分かります。

　また「人にものを頼む」「謝る・断る」で子どもがワークシートに書いた回答について、本当にその通りできるか、役割を決めて実際にロールプレイをしてみましょう。さらに、その他に必要と思われる対人マナー（例えば「お礼の言い方」「挨拶の仕方」など）についても練習してみましょう。

問題をもっとうまく解決できるようになってほしい場合

　ここで紹介した問題ケース以外にもさまざまな困ったケースが考えられます。日常生活や学校生活でこれまで実際に困ってどうしたらいいか分からなかった課題、現在困っている課題について、子どもたちに挙げてもらい、皆で同じ手順で解決策を考えてみましょう。

身体をもっとうまく使えるようになってほしい場合

　身体がうまく使えるようになるにはある程度の運動学習が必要になりますので、何度も繰り返すことが必要です。それぞれのワークの回数を増やしてみて、ミスが少なくなるまで練習しましょう。全身を使った粗大運動に対しては、『不器用な子どもたちへの認知作業トレーニング』（宮口ほか、2014、三輪書店）に、体系的なプログラムが紹介されておりますので、適宜追加されることをお勧めします。

ワークシート一覧

6つのトレーニング	小項目1	ワークシート番号	小項目2
注意力をつけるトレーニング	見る力をつけよう	1〜16	
	聞く力をつけよう	1〜10	最初とポン
		1〜10	最後とポン
		1〜10	何が一番？　何が何番？
	集中力をつけよう	1〜16	
感情をうまくコントロールできるトレーニング	この人はどんな気持ち？	1〜4	
	この人たちはどんな気持ち？	1〜6	
	違った考えをしよう	1	
	悩み相談室	1〜4	
危険なことを察知するトレーニング	何が危ない？	1〜6	
人との接し方を学べるトレーニング	自分を知ろう	1〜8	過去・未来の自分と手紙交換
		1〜3	学期ごと山あり谷ありマップ
	人にものを頼もう	1〜2	
	うまく謝ろう・断ろう	1〜4	
問題をうまく解決できるトレーニング	あなたならどうする？	1〜6	結果が決まっているケース
		1〜4	結果が決まっていないケース
	次からどうする？	1〜4	
身体をうまく使うトレーニング	指先を使おう	1	綿棒積み
		1	わっか作り
		1	色紙ちぎり
		1	ボール積み
	集中しよう	1	おちたおちた
		1	船長さんの命令で
	動きを伝えよう	1	真似をしよう
		1	相手に伝えよう

ワークシート数	使用回数	年間回数	頻度(/週)	期間(週)	備考
16	16	62	2	31	「集中力をつけよう」と交互に週1回実施
10	10				週1回（最初とポン・最後とポンを交互に実施。最後に何が一番？ 何が何番？ を実施）実施
10	10				
10	10				
16	16				「見る力をつけよう」と交互に週1回実施
4	4	26	1	32	上から順に実施。「違った考えをしよう」は連続で実施
6	6				
1	12				
4	4				
6	6	6			「感情をうまくコントロールできるトレーニング」の間で随時実施
8	8	17	1	31	各学期・夏休みの最初と最後に実施
3	3				各学期の最後に実施
2	2				
4	4				
6	6	14			上から順に実施
4	4				
4	4				
1	4	32	1	32	各2回実施
1	4				
1	4				
1	4				
1	4				
1	4				
1	4				
1	4				

ワークシートの使用方法
年間の使用計画例

曜日	6つのトレーニング	小項目1	小項目2	回数	合計
月曜	注意力をつける トレーニング	聞く力をつけよう	最初とポン	10	30
			最後とポン	10	
			何が一番？ 何が何番？	10	
火曜	感情をうまく コントロールできる トレーニング	この人はどんな気持ち？		4	32
		この人たちはどんな気持ち？		6	
		違った考えをしよう		12	
		悩み相談室		4	
	危険なことを 察知するトレーニング	何が危ない？		6	
水曜	人との接し方を 学べるトレーニング	自分を知ろう	過去・未来 の自分 と手紙交換	8	31
			学期ごと山あり谷 ありマップ	3	
		人にものを頼もう		2	
		うまく謝ろう・断ろう		4	
	問題をうまく 解決できる トレーニング	あなたならどうする？	結果が決まっているケース	6	
			結果が決まっていないケース	4	
		次からどうする？		4	
木曜	注意力をつける トレーニング	見る力をつけよう		16	32
		集中力をつけよう		16	
金曜	身体をうまく使う トレーニング	指先を使おう	綿棒積み	4	32
			わっか作り	4	
			色紙ちぎり	4	
			ボール積み	4	
		集中しよう	おちたおちた	4	
			船長さんの命令で	4	
		動きを伝えよう	真似をしよう	4	
			相手に伝えよう	4	

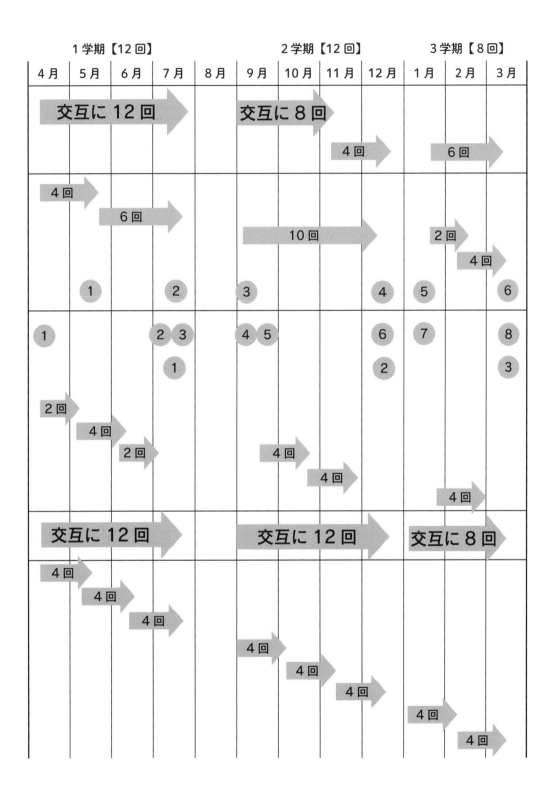

ワークシートの使用方法（年間の使用計画例）

① 注意力をつけるトレーニング

　注意力には様々な働きがあります。ある情報を選択し、その情報に注意を持続させたり、または他の情報に注意を切り替えたりするなど、学習のみならず生活する上で必要な力と言えます。注意力は認知機能に含まれ、特に中心的な役割を果たしています。認知機能とは、記憶、知覚、注意、言語理解、判断・推論といった幾つかの要素が含まれた知的機能を指します。注意力は、そのような認知機能を制御するなどの働きがあり、注意力を高めることは認知機能そのものを底上げすることに繋がります。認知機能の向上は学習への力を高めるだけでなく、人に興味を向ける、人の気持ちを考える、人と会話をするなどのコミュニケーション力や、自分で考えて行動する、さまざまな困った問題に対処するなどの問題解決力といった子どもの学校生活にとって必要な力の向上にも繋がります。本章では認知機能のうち、より基礎的な「知覚」「注意」の力をつけるために「見る」「聞く」「集中する」といった3つの方面からトレーニングを行っていきます。

　以下の3つの課題からなります。「見る力をつけよう⇒集中力をつけよう」と「聞く力をつけよう」は交互に並行して行った方がいいでしょう。

・見る力をつけよう（16回分）
・聞く力をつけよう（30回分）
・集中力をつけよう（16回分）

　なお、『コグトレ　みる、きく、想像するための認知機能強化トレーニング』（宮口幸治、2015、三輪書店）では、これらのトレーニングを幅広く、多数にわたって紹介しています。このトレーニングにもっと時間をかけて行いたい場合はそちらも並行してお使い下さい。

見る力をつけよう

　見る力には、模写する、覚える以外にも、複数の対象の中からあるものを探す、共通点・相違点を見つける、関係性を見つけるなどの働きがあります。ここでは、複数の絵の中から2枚の同じ絵を見つけ出すことで、視覚情報の共通点や相違点を把握する力をつけることを目指します。具体的には、8枚～12枚の複数の絵の中にまったく同じ絵が2枚あります。その2枚を見つけ、（　　）に番号を書いてもらいます。これにより学習で必要になる図のパター

ンを認識する、数字・記号の並びからあるパターンを見つける力、人の顔や表情を見分ける力を養うこと等に役立てます。また単にやみくもに探すのではなく効率よく探すにはどうすればいいか、など方略を考えるといった練習にもなります。

聞く力をつけよう

　聞く力には、音の違いを聞き分ける、聞いた言葉や文章を復唱する・覚える・理解する、などがあります。授業では次から次へと流れていく先生の言葉を聞き取っては覚え、または覚えながら次の言葉を聞き取るといった力が必要です。これには聴覚（言語性）ワーキングメモリ（working memory：作業記憶または作動記憶）といった機能を使います。ワーキングメモリとは情報を一時的に記憶保持する、いわば心のメモ帳といわれるものです。このワーキングメモリが弱いと、聞き逃しが多かったり集中力が持続しなかったりするのです。ここではこの聴覚ワーキングメモリをトレーニングしていきます。

　「最初とポン」では出題者が 3 つの文章を読み上げ（子どものレベルに合わせて 2 つの文章）、子どもにそれぞれの最初の言葉だけを覚えてもらいます。ただし動物の名前が出たら手を叩いてもらいます。「最後とポン」では一連の 3 セットの単語（子どものレベルに合わせて 2 セットの単語）を読み上げ、そして最後の単語だけを覚えてもらいます。これも同様に動物の名前が出たら手を叩いてもらいます。いずれも手を叩くという干渉課題を入れることでより集中し聞いて覚える必要が生じます。これにより聴覚ワーキングメモリをトレーニングします。また「何が一番？　何が何番？」は、大きい・小さい、重い・軽い、遠い・近い、などの比較の入った文章を読み、何が一番か、何が何番かを考えさせる課題です。どちらが大きい？　小さい？　を覚えておきながら次の文章を聞き取ることで聴覚ワーキングメモリをトレーニングします。これらを練習することで授業中の先生の話、人の話を注意・集中してしっかり聞く力をつけ、聞き逃すことを減らしていきます。

集中力をつけよう

　集中力は一点に注意を向け続ける力と言えます。集中力が低下すると注意散漫となり、授業に集中して取り組めません。ここではあるルールのもとで記号をできるだけ早く数えることで集中力の向上を目指します。また同時に、あるルールを設けることでより注意して素早く処理することが求められます。課題ではスタートの合図でリンゴの数を数えながら、できるだけ早くリンゴに ✓ をつけてもらいます。ただし、リンゴの左にある特定の記号があるときは、数えず、✓ もしません。つまり素早く処理する力と、ルールに注意して適宜ブレーキをかけることが必要です。これは学校のテストの際に、課題をするスピードが速くなることに加え、「正しくないものに○をしなさい」といった設問で正しいものに○をしてしまうなどの不注意を減らすことに役立ちます。勉強以外の行動面でも、やってはいけないことにブレーキをかける力や、目標時間を設定することで、自己を管理する力をつけることに期待されます。

❶ 注意力をつけるトレーニング
見る力をつけよう

●子どもにつけて欲しい力
　複数の絵の中から2枚の同じ絵を見つけ出すことで、視覚情報の共通点や相違点を把握する力をつけます。

●進め方
　複数の絵の中にまったく同じ絵が2枚あります。その2枚を見つけ、（　　　）に番号を書いてもらいます。

●ポイント
・ある2枚の絵を比べ、その中で1つの違いを見つけると、少なくともどちらかの絵が間違っていることになります。さらに、それぞれの2枚が他の絵と違いはないかという具合に順に比べていくといいでしょう。
・他の絵との違いを○で囲んでいくと、候補を減らすことができ、より容易になります。
・明らかに違う絵（例えば右の例ですと、⑤の右のキャラクターの口）を見つけ、×をつけて、見つける対象となる絵をいかに減らしていくかが大切です。

●留意点
・最初から2枚をやみくもに見つけようとすると、混乱して時間もかかります。効率よく探すにはどうすればいいか、方略を考えさせるといいでしょう。
・時間内にできない子どもがいても終わりの会までに見つけるなど、能力に応じて答えを伝えるよう配慮してあげましょう。
・解答を192～195ページに掲載しています。

取り組み時間	5分（計16回分）	場所	教室
用意するもの	印刷したワークシートと鉛筆		

例

下の8枚の絵の中に全く同じ絵が2枚あります。その2枚を探して下の[　]に番号を書きましょう。

答え [1] と [6]

❶ 注意力をつけるトレーニング

年　組

見る力をつけよう❶

下の8枚の絵の中に全く同じ絵が2枚あります。その2枚を探して下の[　]に番号を書きましょう。

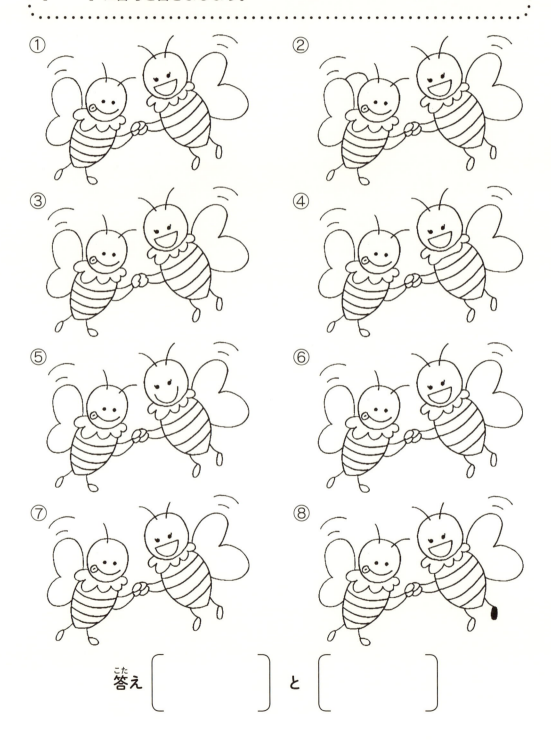

答え [　　] と [　　]

年　組

見る力をつけよう❷

下の9枚の絵の中に全く同じ絵が2枚あります。その2枚を探して下の[　]に番号を書きましょう。

答え [　　] と [　　]

年　組

見る力をつけよう❸

下の12枚の絵の中に全く同じ絵が2枚あります。その2枚を探して下の[　　]に番号を書きましょう。

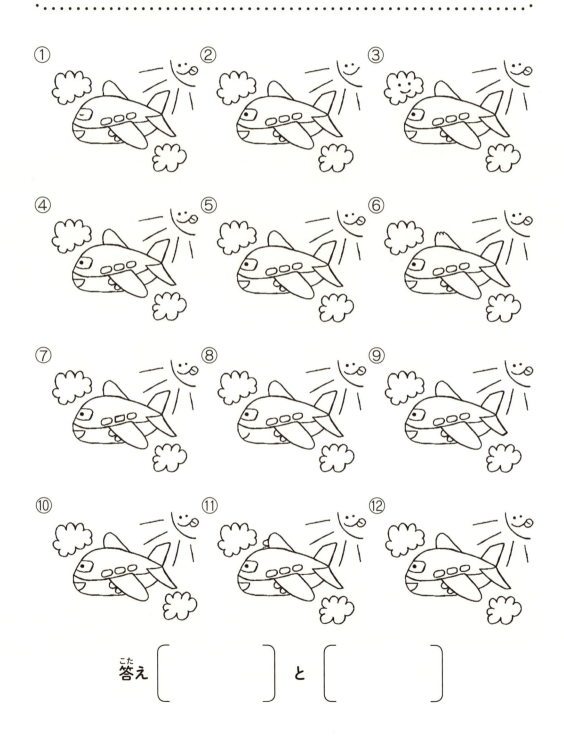

答え [　　] と [　　]

年　組

見る力をつけよう❹

下の8枚の絵の中に全く同じ絵が2枚あります。その2枚を探して下の[　　]に番号を書きましょう。

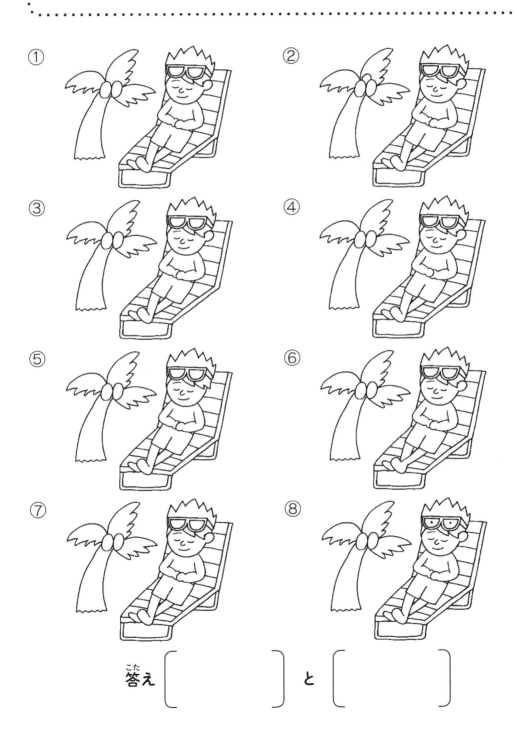

答え [　　] と [　　]

年　組

見る力をつけよう❺

下の9枚の絵の中に全く同じ絵が2枚あります。その2枚を探して下の
[　　] に番号を書きましょう。

答え [　　　] と [　　　]

年　組

見る力をつけよう❻

下の12枚の絵の中に全く同じ絵が2枚あります。その2枚を探して下の
[　　]に番号を書きましょう。

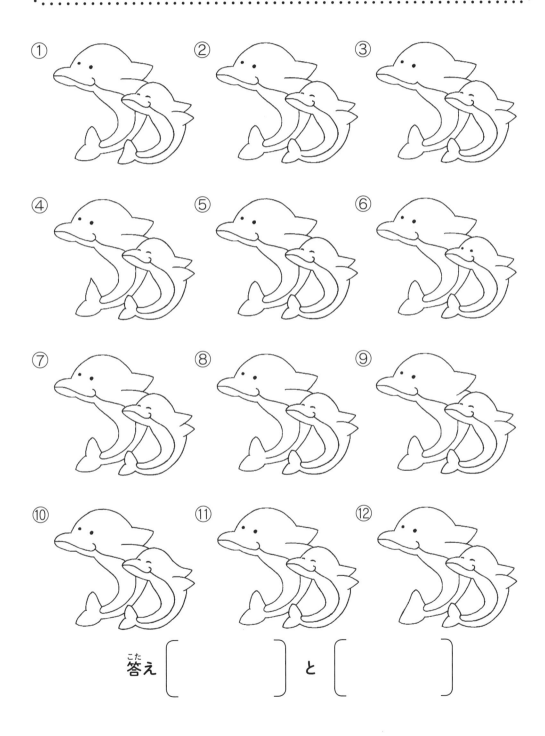

答え [　　] と [　　]

見る力をつけよう ❼

下の12枚の絵の中に全く同じ絵が2枚あります。その2枚を探して下の[　]に番号を書きましょう。

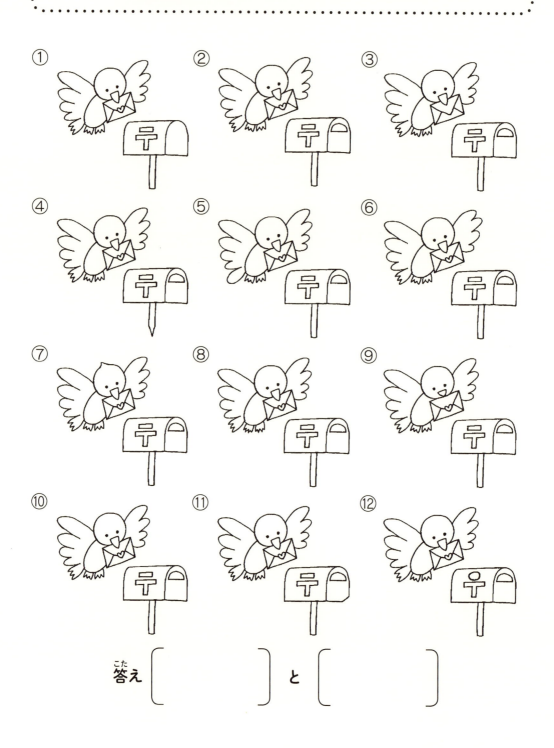

答え [　　　] と [　　　]

年　組

見る力をつけよう ❽

下の8枚の絵の中に全く同じ絵が2枚あります。その2枚を探して下の[　]に番号を書きましょう。

答え [　　] と [　　]

年　組

見る力をつけよう❾

下の8枚の絵の中に全く同じ絵が2枚あります。その2枚を探して下の[　　]に番号を書きましょう。

答え [　　] と [　　]

年　組

見る力をつけよう⑩

下の12枚の絵の中に全く同じ絵が2枚あります。その2枚を探して下の[　　]に番号を書きましょう。

答え [　　　　] と [　　　　]

年　組 _____

見る力をつけよう⑪

下の8枚の絵の中に全く同じ絵が2枚あります。その2枚を探して下の[　　]に番号を書きましょう。

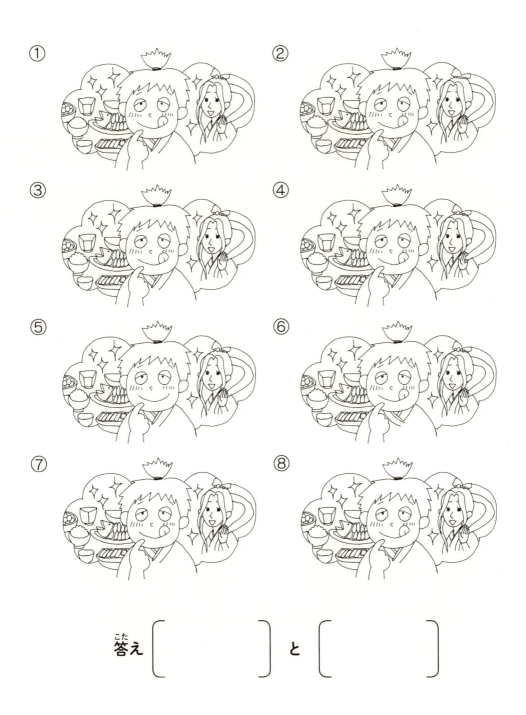

答え [　　　] と [　　　]

年　　組

見る力をつけよう⑫

下の9枚の絵の中に 全く同じ絵が2枚あります。その2枚を探して下の
[　　]に番号を書きましょう。

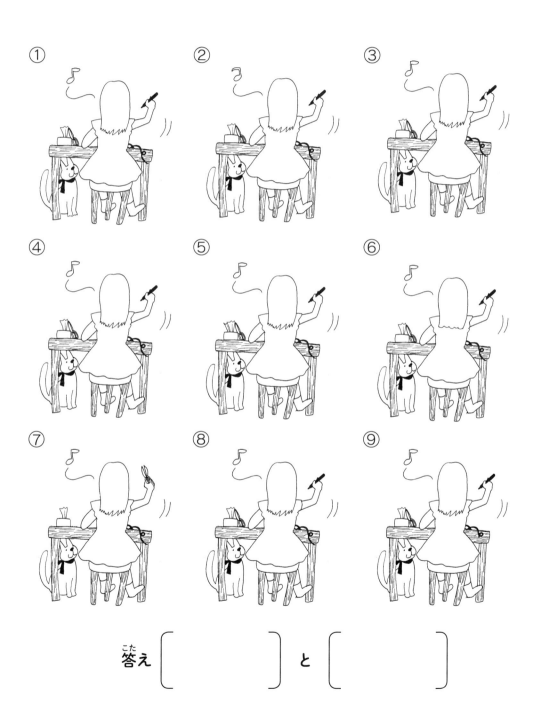

答え [　　　　] と [　　　　]

年　組

見る力をつけよう⓭

下の12枚の絵の中に全く同じ絵が2枚あります。その2枚を探して下の
[　　]に番号を書きましょう。

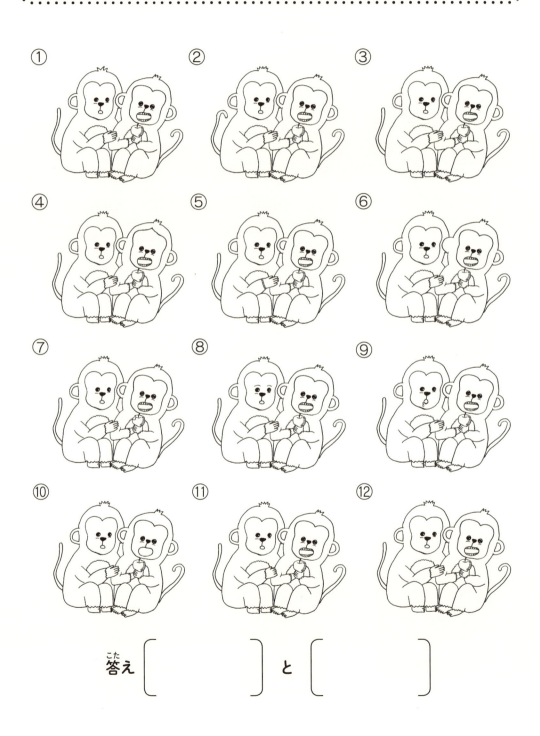

答え [　　] と [　　]

年　組

見る力をつけよう⑭

下の9枚の絵の中に全く同じ絵が2枚あります。その2枚を探して下の[　]に番号を書きましょう。

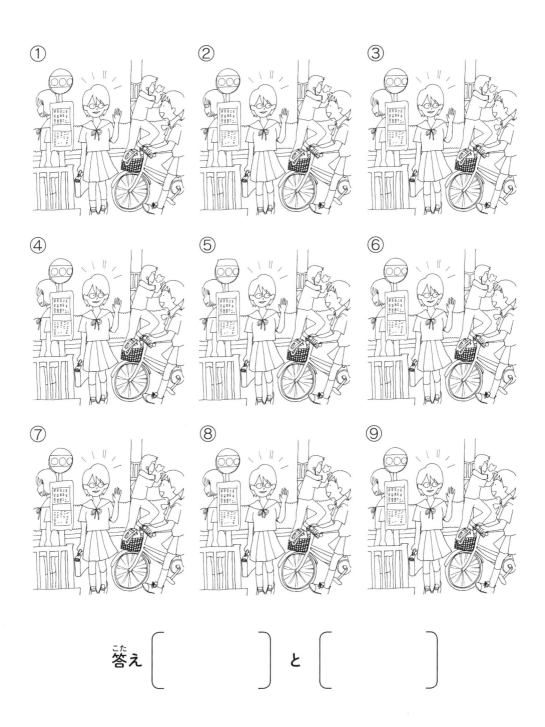

答え [　　　] と [　　　]

年 組

見る力をつけよう ⑮

下の9枚の絵の中に全く同じ絵が2枚あります。その2枚を探して下の[ ]に番号を書きましょう。

答え [ ] と [ ]

年　組　_____

見る力をつけよう⑯

下の9枚の絵の中に全く同じ絵が2枚あります。その2枚を探して下の[　　]に番号を書きましょう。

答え [　　] と [　　]

① 注意力をつけるトレーニング
聞く力をつけよう

・・・・・・・・・・・・・・・・・・・・・・・・・・・・・・・・・

●子どもにつけて欲しい力
　授業中の先生の話、人の話を注意・集中してしっかり聞く力をつけます。

●進め方
　1回につき最初とポン、最後とポンを3題ずつ交替で進めていきます（計20回分）。次に何が一番？　何が何番？　を2題ずつ進めていきます（計10回分）。いずれも、答えは1題終わる度に確認します。

　（最初とポン）短い文章を3つ読みます。そのうち、それぞれの文書の最初の言葉だけを覚え、ノートやプリントに書いてもらいます。ただし、文章の途中で動物の名前（右の下線の単語）が出たときは手を叩いてもらいます。答えは右の太字の単語です。

　（最後とポン）一続きの単語を3セットずつ読み上げます。それぞれのセットの最後の言葉を覚え、ノートやプリントに書いてもらいます。ただし、途中で動物の名前（右の下線の単語）が出たときは手を叩いてもらいます。答えは右の太字の単語です。

　（何が一番？　何が何番？）問題を読み上げ、質問を考えてもらい、答えをノートやプリントに書かせます。

●ポイント
・手を叩く際は他の子どもに引きずられないよう、できるだけ早く叩いてもらいましょう。
・手を叩く代わりに目を閉じさせ手を挙げてもらうのもいいでしょう。
・「最初とポン」では、最初の言葉については、厳密な決まりはなく、たくさん答える分には内容が一致していれば正解です。
・「何が一番？　何が何番？」では、子どものレベルに応じて何度か読んであげるなど、調整しましょう。

●留意点
　「最初とポン」、「最後とポン」は子どものレベルに応じて、3つの文章を2つだけに、3セットの単語を2セットに減らすなど調整してもいいでしょう。「何が一番？　何が何番？」は答えを伝えても分かりにくければ、黒板に図示して説明してあげましょう。

| 取り組み時間 | 5分（計30回分） | 場所 | 教室 |

用意するもの ノートやプリントと鉛筆

例

> **最初とポン❶** 動物の名前が出たら手を叩きます

1
小さな池で<u>クマ</u>が水浴びをしています。
池の向こう側で<u>ウサギ</u>が眠っています。
黄色い<u>インコ</u>が飛んできました。

2
雨が降ってきたので<u>カラス</u>は山へ帰りました。
<u>フクロウ</u>が巣の中で眠たそうにしています。
草むらで親子の<u>キツネ</u>が遊んでいます。

3
赤い実を摘んでいるのは<u>ウサギ</u>の兄弟です。
木の上にいる<u>ハト</u>も赤い実をねらっています。
サクランボに似た実で、<u>タヌキ</u>の大好物です。

> **最後とポン❶** 動物の名前が出たら手を叩きます

1
えんぴつ　太陽　<u>ウマ</u>
わた　<u>ウシ</u>　雨
おにぎり　<u>ゾウ</u>　海

2
<u>カメ</u>　空　はしご
田んぼ　<u>カモ</u>　水
青　水着　<u>イルカ</u>

3
草　<u>ヒツジ</u>　じゃがいも
<u>ヤギ</u>　黄色　氷
森　砂漠　<u>フクロウ</u>

> **何が一番？　何が何番？❶**

1
太朗くんは東京から京都まで旅行に行くのに飛行機、電車、バスのどれで行くか迷っています。飛行機は電車よりも遅いです。バスは電車よりも早いです。一番遅いのは何ですか？
（答え　飛行機）

2
花子さんは赤色、青色、黄色の3つの玉をもっています。青色の玉は赤色の玉よりも重たく、黄色の玉は赤色の玉よりも軽いです。一番重い玉は何色ですか？
（答え　青色）

❶　注意力をつけるトレーニング

最初とポン① 動物の名前が出たら手を叩きます

1
小さな池でクマが水浴びをしています。
池の向こう側でウサギが眠っています。
黄色いインコが飛んできました。

2
雨が降ってきたのでカラスは山へ帰りました。
フクロウが巣の中で眠たそうにしています。
草むらで親子のキツネが遊んでいます。

3
赤い実を摘んでいるのはウサギの兄弟です。
木の上にいるハトも赤い実をねらっています。
サクランボに似た実で、タヌキの大好物です。

最後とポン① 動物の名前が出たら手を叩きます

1
えんぴつ　　太陽　　ウマ
わた　　ウシ　　雨
おにぎり　　ゾウ　　海

2
カメ　　空　　はしご
田んぼ　　カモ　　水
青　　水着　　イルカ

3
草　　ヒツジ　　じゃがいも
ヤギ　　黄色　　氷
森　　砂漠　　フクロウ

最初とポン❷　動物の名前が出たら手を叩きます

1
　3丁目の赤い屋根の家にイヌが2匹います。
　私は去年から黒ネコを1匹飼っています。
　将来は白いウサギを飼いたいです。

2
　飼育小屋には大きなニワトリがいます。
　秋にはヒヨコが生まれるようです。
　隣の小屋には3匹の茶色いウサギがいます。

3
　ニワトリのピーちゃんの大好物はキャベツです。
　うちの子ネコはミルクが大好きです。
　ミルクは温めてから子ネコに飲ませてあげます。

最後とポン❷　動物の名前が出たら手を叩きます

1
　雷　　　イヌ　　　かぼちゃ
　ウサギ　　ピンク　　さつまいも
　トウモロコシ　　ニワトリ　　タイヤ

2
　ボール　　消しゴム　　ネコ
　新幹線　　コウモリ　　夜
　糸　　スズメ　　ピーナッツ

3
　白　　カラス　　ケーキ
　ラクダ　　わなげ　　クリスマス
　湖　　キリン　　財布

最初とポン❸ 動物の名前が出たら手を叩きます

1
- 遠足で、牧場へ行き、ウシの乳しぼりをしました。
- ふわふわとした毛のウサギを抱いて写真を撮りました。
- 3日ぶりに晴れたので、スズメが気持ち良さそうに空を飛んでいます。

2
- 来年は海へ行ってクジラを見てみたいです。
- 妹は、イルカの絵のTシャツを着ています。
- 友達のカバンにはラッコのキーホルダーがついています。

3
- 土の穴の中からモグラが顔を出しています。
- キリンは首が長いので高いところの葉も食べることができます。
- 池で4匹の白いゾウが水浴びをしています。

最後とポン❸ 動物の名前が出たら手を叩きます

1
たいこ	リンゴ	**インコ**
ワニ	梅干し	味噌汁
運動会	トラ	池

2
タンバリン	シマウマ	**納豆**
サル	さくらんぼ	キャベツ
灰色	なす	**ネズミ**

3
パイナップル	茶色	**ヘビ**
ライオン	土	**アイス**
パン	コアラ	にんじん

最初とポン❹　動物の名前が出たら手を叩きます

1
オーストラリアで野生のカンガルーを見ました。
木の上の方でコアラの親子が眠っています。
下の沼には大きな口を開けたワニがいます。

2
赤や白やピンクのインコが歌っています。
歌声に合わせてタヌキが太鼓を叩いています。
元気なサルが飛び跳ねて踊っていました。

3
家の裏の湖に白鳥が浮かんでいます。
緑色の甲羅のカメが海を泳いでいます。
もぐっていたサイが池から出てきました。

最後とポン❹　動物の名前が出たら手を叩きます

1
そろばん	ピアノ	モグラ
カンガルー	サッカー	ふでばこ
ダチョウ	扇風機	飛行機

2
いちご	ハムスター	水筒
お弁当	みかん	シカ
タヌキ	教科書	パイナップル

3
クレヨン	塩	キツネ
ヒヨコ	ランドセル	カスタネット
風船	クジラ	プリン

最初とポン❺　動物の名前が出たら手を叩きます

1.
森の中で<u>リス</u>がドングリを探しています。
<u>アライグマ</u>は美味しそうにミカンを食べています。
茶色い<u>ウマ</u>に乗った男の人がやってきました。

2.
北海道の牧場には<u>ウシ</u>がたくさんいます。
白い子<u>ヒツジ</u>は草を食べに草むらへ行きました。
右手に笹の葉を持った<u>パンダ</u>がやってきました。

3.
ぼくはオリの中にいる<u>ライオン</u>の写真を撮りました。
大きな口を開けてあくびをしているのは<u>カバ</u>です。
3匹の<u>シマウマ</u>が楽しそうに走ってきました。

最後とポン❺　動物の名前が出たら手を叩きます

1.
<u>ラッコ</u>	ラーメン	さくら
ふとん	電気	<u>ゴリラ</u>
まくら	ピーマン	<u>パンダ</u>

2.
<u>ハト</u>	ノート	食パン
すし	<u>サイ</u>	メロン
<u>オラウータン</u>	絵の具	すいか

3.
ヘリコプター	キュウリ	<u>トナカイ</u>
トマト	<u>カバ</u>	色鉛筆
ラッパ	<u>クジラ</u>	ひまわり

最初とポン❻　動物の名前が出たら手を叩きます

1
寒がりのネコがこたつの中で丸まっています。
今朝は早起きしてイヌの散歩へ行きました。
学校へ行く途中に緑色のヘビを見ました。

2
ぼくと先生はトラ年の生まれです。
ポチは、私の飼っているイヌの名前です。
このあたりは、夕方になると野生のイノシシが出ます。

3
だんだん寒くなってきたので、シロクマは冬眠の準備を始めました。
氷の上を気持ちよさそうにペンギンが滑っています。
アザラシが音楽に合わせて手をたたいています。

最後とポン❻　動物の名前が出たら手を叩きます

1
靴下	マスク	パンダ
ウサギ	朝顔	カーテン
こたつ	自転車	ハリネズミ

2
毛布	シカ	大根
モグラ	冷蔵庫	ゼリー
リュックサック	洗濯機	イルカ

3
ヒツジ	座布団	テレビ
砂漠	ラクダ	ペットボトル
ブタ	白菜	アイスクリーム

最初とポン ❼　動物の名前が出たら手を叩きます

1
カゴの中にはハムスターが3匹います。
廊下をネズミが走っていきました。
ブーブーとブタの鳴き声が聞こえてきました。

2
真っ暗な夜道を歩いていたら、コウモリが飛んでいました。
図工の時間にゴリラの親子の絵を描きました。
砂漠を大きなこぶのラクダが歩いています。

3
昨夜、イルカとボールで遊んだ夢を見ました。
サンタクロースがトナカイとやってきました。
プレゼントにクマのぬいぐるみをもらいました。

最後とポン ❼　動物の名前が出たら手を叩きます

1
カレーライス	お昼寝	シマウマ
昔話	シロクマ	マスカット
キャラメル	ライオン	さつまいも

2
アザラシ	地球	階段
野球	相撲	ヤギ
傘たて	ロバ	体育館

3
シチュー	下駄箱	アヒル
ツバメ	下敷き	チョコレート
長靴	ペンギン	電車

最初とポン❽　動物の名前が出たら手を叩きます

1
バナナを食べているサルに話しかけました。
強そうなゴリラがリンゴの木の下にやってきました。
アフリカで野生のライオンを見てみたいです。

2
この毛糸はヒツジの毛からできています。
モーと大きな声でウシが鳴いています。
競争をしたら今年もチーターが1位でした。

3
びっくりしたダチョウが羽をバタバタ動かしています。
あのゾウは、まだ生まれて半年しかたっていません。
いつもと同じ時間にカバが起き上がりました。

最後とポン❽　動物の名前が出たら手を叩きます

1
カモメ　　机　　　すべり台
オムライス　　こんにゃく　　ネコ
うどん　　船　　キツネ

2
クッキー　　シカ　　しいたけ
ネズミ　　貯金箱　　映画館
ホットケーキ　　富士山　　ゾウ

3
ハト　　アルミ缶　　お風呂
リモコン　　体操服　　リス
ウマ　　かぼちゃ　　スケート

最初とポン⑨　動物の名前が出たら手を叩きます

1
- ハムスターに指を噛まれたので消毒をしました。
- トランプをしていたら膝の上にネコがのってきました。
- お風呂に黄色いアヒルのおもちゃが浮かんでいます。

2
- ドングリの木の下で小さなリスが遊んでいました。
- 窓を開けたらキリンの顔が近くに見えてびっくりしました。
- りっぱな角のシカにおせんべいをあげました。

3
- 近所のお蕎麦屋さんの前にタヌキの置物があります。
- ふさふさとしたしっぽが見えたので覗いたらキツネがいました。
- 森の中を歩いていくと、優しそうな眼をした白いウマに出会いました。

最後とポン⑨　動物の名前が出たら手を叩きます

1
てつぼう	豆腐	ニワトリ
パンダ	お正月	黒板
入学式	ハムスター	花火

2
黄色	洗濯機	クマ
ラッコ	バス	ゴボウ
腕時計	休み時間	コアラ

3
イヌ	マラソン	スパゲッティー
おせんべい	トラック	ゴリラ
水道	ヒツジ	お弁当

最初とポン⑩　動物の名前が出たら手を叩きます

1. みどり公園の遊具の中では<u>ゾウ</u>の形のすべり台が一番好きです。
   教室の窓を開けると電線に 8 羽の<u>スズメ</u>がとまっていました。
   ピアノ教室へ歩いて行く途中に、<u>ネコ</u>を 2 匹見ました。

2. 雷がゴロゴロ鳴るので<u>リス</u>はおびえています。
   船に乗って青空を眺めていたら<u>カモメ</u>が飛んでいました。
   キノコを探しに山へ行ったらお昼寝している<u>タヌキ</u>がいました。

3. とがった牙をむき出しにして<u>トラ</u>が吠えています。
   ぼくも<u>イルカ</u>のように上手に泳げるようになりたいです。
   幼稚園のバスの窓には、<u>パンダ</u>のシールが貼ってあります。

最後とポン⑩　動物の名前が出たら手を叩きます

1. お好み焼き　　ヘルメット　　**カメ**
   <u>ペリカン</u>　　ポテトサラダ　　小学校
   <u>スカンク</u>　　枝豆　　階段

2. 職員室　　<u>オオカミ</u>　　ドーナツ
   れんこん　　<u>オットセイ</u>　　フライパン
   <u>カラス</u>　　紫色　　水曜日

3. 朝顔　　国語　　**ライオン**
   <u>パンダ</u>　　ゲーム　　長ズボン
   オレンジジュース　　<u>クマ</u>　　醤油

何が一番？　何が何番？❶

1 太朗くんは東京から京都まで旅行に行くのに飛行機、電車、バスのどれで行くか迷っています。飛行機は電車よりも遅いです。バスは電車よりも早いです。一番遅いのは何ですか？
（答え　飛行機）

2 花子さんは赤色、青色、黄色の3つの玉をもっています。青色の玉は赤色の玉よりも重たく、黄色の玉は赤色の玉よりも軽いです。一番重い玉は何色ですか？
（答え　青色）

何が一番？　何が何番？❷

1 ネコさんと、イヌさんと、ウサギさんがかけっこをしました。ネコさんはイヌさんに勝ちました。ウサギさんはネコさんに勝ちました。一番速かったのは誰ですか？
（答え　ウサギさん）

2 たかしくんは甘いものが苦手です。チョコレートはキャンディよりも甘いです。キャンディはイチゴよりも甘いです。たかしくんが3つの中で一番苦手な食べ物は何ですか？
（答え　チョコレート）

何が一番？　何が何番？❸

1 仲良しの3人で旅行に行きました。はるこさんはけいこさんよりも早く寝ました。しのぶさんははるこさんよりも早く寝ました。一番遅くまで起きていたのは誰ですか？
（答え　けいこさん）

2 病院と駅の間にお店が3つ並んでいます。果物屋さんは八百屋さんより古くからあります。八百屋さんはケーキ屋さんよりも古くからあります。一番新しくできた店は何屋さんですか？
（答え　ケーキ屋さん）

何が一番？ 何が何番？ ❹

1 色紙が３枚あります。黒の色紙の上に金色の色紙があります。黒色と金色の色紙の間には赤色の色紙があります。一番下にある色紙は何色ですか？
（答え　黒色）

2 電車が４両編成で走っています。前から二番目の車両には10人乗っていました。一番後ろの車両には５人乗っていました。先頭車両には誰も乗っていませんでした。後ろから二番目の車両には８人乗っていました。一番多く乗っていたのは前から何番目の車両ですか？
（答え　二番目）

何が一番？ 何が何番？ ❺

1 リンゴの木にはナシの木よりも実が多くなっています。ミカンの木にはリンゴの木よりも実が多くなっています。一番実が少ないのは何の木ですか？
（答え　ナシの木）

2 ゾウとカラスとネズミが重さ比べをしました。ネズミはゾウよりも重かったです。カラスとゾウでは同じ重さでした。一番重いのは誰ですか？
（答え　ネズミ）

何が一番？ 何が何番？ ❻

1 ３つの山があります。タヌキ山はキツネ山よりも高いです。ネコ山はキツネ山よりも低いです。二番目に高い山は何山ですか？
（答え　キツネ山）

2 ３人でピクニックに行きました。さきちゃんはみゆきちゃんよりも早くご飯を食べました。あいちゃんはみゆきちゃんよりも遅くご飯を食べました。二番目に早くご飯を食べたのは誰ですか？
（答え　みゆきちゃん）

何が一番？　何が何番？❼

1 けんちゃんは遊園地に行きました。ジェットコースター、観覧車、メリーゴーランド、お化け屋敷の順番に回ろうと思っていましたが、途中で雨が降ったので観覧車に乗った後に先にお化け屋敷に行きました。けんちゃんが最後に行ったのは何ですか？
（答え　メリーゴーランド）

2 映画館のチケット売り場で人が並んでいました。一番前には黒い服を着た男の人が並んでいました。その男の人の2つ後ろには青い服を着た子どもが並んでいました。男の人と子どもの間には白い服を着た女の人が並んでいました。あなたは四番目に並びました。あなたより2つ前の人の服装の色は何色ですか？
（答え　白色）

何が一番？　何が何番？❽

1 ゆうさくさんの家の庭には杉の木と松の木と桜の木があります。一番最初に植えたのは桜の木でしたが、杉の木の方が高くなりました。杉の木は松の木よりも早く植えましたが松の木の方が高くなりました。一番高い木は何番目に植えた木ですか？
（答え　三番目）

2 中学校から小学校までの間に、パン屋さんとケーキ屋さんと花屋さんがあります。花屋さんはパン屋さんよりも小学校に近く、ケーキ屋さんはパン屋さんより中学校に近いです。二番目に小学校に近いのは何ですか？
（答え　パン屋さん）

何が一番？　何が何番？ ⑨

1 野菜が4本あります。ニンジンはダイコンよりも長いです。キュウリはニンジンよりも長くゴボウよりも短いです。二番目に長い野菜は何ですか？
（答え　キュウリ）

2 クマとウサギとネズミとサルが力比べをしました。サルはウサギよりも強く、ネズミよりも弱かったです。クマはウサギよりも強く、サルよりも弱かったです。三番目に強かったのはどれですか？
（答え　クマ）

何が一番？　何が何番？ ⑩

1 4人で映画館に行きました。ちょうど横一列に4人分の席が空いていたので、左から順にゆみこさんとかおるさんが座りました。右端にはかよこさんが座りました。その後、かおるさんの右側によしみさんが座りました。左から二番目に座っているのは誰ですか？
（答え　かおるさん）

2 公園の前にお菓子屋さんがあります。昨日、桜もちが5個売れました。二日前は昨日よりも2個多く売れました。今日は昨日よりも1個少なく売れました。三日前は今日よりも4個多く売れました。二番目によく売れたのはいつですか？
（答え　二日前）

① 注意力をつけるトレーニング
集中力をつけよう

・・・

●子どもにつけて欲しい力
　課題をするスピードが速くなる力、不注意を減らす力、やってはいけないことにブレーキをかける力、自己を管理する力を養います。

●進め方
　まず「目標」タイムを書きます。スタートの合図でリンゴの数を数えながら、できるだけ早くリンゴに✓をつけてもらいます。ただし、リンゴの左に、下に囲んでいる記号があるときは、数えず、✓もしません。数え終わったら、個数を右下の欄に記入し挙手させ、時間を伝えます。時間は「今回」の欄に時間を記入します。全員が終了したら正解数を伝え、下の欄に、目標時間が適切であったかとその理由や感想を書いてもらいます。時間の上限は5分とします。2回目以降は、「これまでの最高タイム」を書いてもらいましょう。

●ポイント
・ここでは、処理するスピードを上げること以上に、ルールに注意して慎重に取り組む力をつけます。リンゴの数が間違っていたら、どこが間違っていたか確認させましょう。
・目標時間を設定し、その目標と比べ結果がどうであったかを確認することで、自己管理する力を養います。子どもが能力に比べ早すぎる目標時間や、遅すぎる目標時間を立てた場合、最後に理由・感想を聞いてみましょう。

●留意点
・最初に全てリンゴにチェックして後から数えるのではなく、リンゴの数を数えながらチェックすることに注意しましょう。数を記憶しながら他の作業を行うことでワーキングメモリ（作業記憶）の向上を意図しています。
・スピードが速いことよりも、個数を正確に数えること、目標時間に近い方がいいことを伝えます。ただリンゴの数が正確でなくても、目標の時間に近ければ褒めてあげましょう。そのことでスピードの遅い子への配慮もできます。
・解答を196～199ページに掲載しています。

取り組み時間	5分（計16回分）	場所	教室
用意するもの	印刷したワークシートと鉛筆		

例

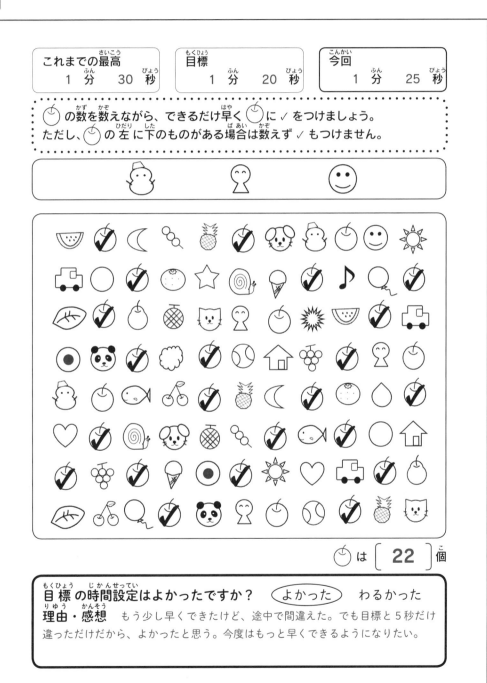

1 注意力をつけるトレーニング

年　組

集中力をつけよう ①

これまでの最高	目標	今回
分　秒	分　秒	分　秒

🍒 の数を数えながら、できるだけ早く 🍒 に ✓ をつけましょう。
ただし、🍒 の左に下のものがある場合は数えず ✓ もつけません。

🍒 は [　　] 個

目標の時間設定はよかったですか？　　よかった　　わるかった
理由・感想

年　　組

集中力をつけよう❷

これまでの最高	目標	今回
分　　秒	分　　秒	分　　秒

🍒の数を数えながら、できるだけ早く🍒に ✓ をつけましょう。
ただし、🍒の左に下のものがある場合は数えず ✓ もつけません。

🍒 は [　　] 個

目標の時間設定はよかったですか？　　よかった　　わるかった
理由・感想

年　組

集中力をつけよう ❸

これまでの最高	目標	今回
分　　秒	分　　秒	分　　秒

🍒の数を数えながら、できるだけ早く🍒に✓をつけましょう。
ただし、🍒の左に下のものがある場合は数えず✓もつけません。

🎈　　♪　　⚾

🍒は [　　] 個

目標の時間設定はよかったですか？　　よかった　　わるかった
理由・感想

年　組 _____

集中力をつけよう ❹

これまでの最高	目標	今回
分　秒	分　秒	分　秒

🍒の数を数えながら、できるだけ早く🍒に ✓ をつけましょう。
ただし、🍒の左に下のものがある場合は数えず ✓ もつけません。

[🍃　🏠　🚙]

🍒は [　　] 個

目標の時間設定はよかったですか？　　よかった　　わるかった
理由・感想

年　組 _____

集中力をつけよう ⑤

これまでの最高	目標	今回
分　秒	分　秒	分　秒

🍒 の数を数えながら、できるだけ早く 🍒 に ✓ をつけましょう。
ただし、🍒 の左に下のものがある場合は数えず ✓ もつけません。

○　💧　✺

🍒 は [　　] 個

目標の時間設定はよかったですか？　　よかった　　わるかった
理由・感想

年　組 ＿＿＿＿＿＿＿＿＿

集中力をつけよう ❻

これまでの最高	目標	今回
分　秒	分　秒	分　秒

🍒の数を数えながら、できるだけ早く🍒に✓をつけましょう。
ただし、🍒の左に下のものがある場合は数えず✓もつけません。

🌙　🐱　⛄

🍒は　　　個

目標の時間設定はよかったですか？　　よかった　　わるかった
理由・感想

年　組
_____

集中力をつけよう ❼

これまでの最高	目標	今回
分　　秒	分　　秒	分　　秒

🍒の数を数えながら、できるだけ早く🍒に ✓ をつけましょう。
ただし、🍒の左に下のものがある場合は数えず ✓ もつけません。

☁　　🐟　　♪

🍒は [　　] 個

目標の時間設定はよかったですか？　　よかった　　わるかった
理由・感想

_____

年　　組

集中力をつけよう ❽

これまでの最高	目標	今回
分　　秒	分　　秒	分　　秒

🍒 の数を数えながら、できるだけ早く 🍒 に ✓ をつけましょう。
ただし、🍒 の 左 に下のものがある場合は数えず ✓ もつけません。

[🍍　　🍡　　🎾]

🍒 は [　　] 個

目標の時間設定はよかったですか？　　よかった　　わるかった
理由・感想

年　　組

集中力をつけよう ❾

これまでの最高	目標	今回
分　　秒	分　　秒	分　　秒

🍒 の数を数えながら、できるだけ早く 🍒 に ✓ をつけましょう。
ただし、🍒 の左に下のものがある場合は数えず ✓ もつけません。

♡　🍒　🍃

🍒 は [　　] 個

目標の時間設定はよかったですか？　　よかった　　わるかった
理由・感想

年　　　組

集中力をつけよう ⑩

これまでの最高	目標	今回
分　秒	分　秒	分　秒

🍒 の数を数えながら、できるだけ早く 🍒 に ✓ をつけましょう。
ただし、🍒 の左に下のものがある場合は数えず ✓ もつけません。

☃　　☆　　✺

🍒 は [　　] 個

目標の時間設定はよかったですか？　　よかった　　わるかった
理由・感想

年　組 _____

集中力をつけよう ⑪

これまでの最高	目標	今回
分　秒	分　秒	分　秒

🍒 の数を数えながら、できるだけ早く 🍒 に ✓ をつけましょう。
ただし、🍒 の左に下のものがある場合は数えず ✓ もつけません。

🏠　🎾　🍊

🍒 は [　　] 個

目標の時間設定はよかったですか？　　よかった　　わるかった
理由・感想

年　組 _____

集中力をつけよう⑫

これまでの最高	目標	今回
分　　秒	分　　秒	分　　秒

🍒の数を数えながら、できるだけ早く🍒に ✓ をつけましょう。
ただし、🍒の左に下のものがある場合は数えず ✓ もつけません。

[パンダ]　[葉]　[●]

🍒 は [　　] 個

目標の時間設定はよかったですか？　　よかった　　わるかった
理由・感想

年　組

集中力をつけよう⓭

これまでの最高	目標	今回
分　　秒	分　　秒	分　　秒

🍒の数を数えながら、できるだけ早く🍒に ✓ をつけましょう。
ただし、🍒の左に下のものがある場合は数えず ✓ もつけません。

💧　　🍇　　🍉

🍒は [　　] 個

目標の時間設定はよかったですか？　　よかった　　わるかった
理由・感想

年　組 ＿＿＿＿＿＿＿＿＿＿

集中力をつけよう⑭

これまでの最高	目標	今回
分　秒	分　秒	分　秒

◯の数を数えながら、できるだけ早く◯に ✓ をつけましょう。
ただし、◯の左に下のものがある場合は数えず ✓ もつけません。

◯ は [　　] 個

目標の時間設定はよかったですか？　　よかった　　わるかった

理由・感想

_____

年　組

集中力をつけよう ⑮

これまでの最高	目標	今回
分　秒	分　秒	分　秒

🍒の数を数えながら、できるだけ早く🍒に✓をつけましょう。
ただし、🍒の左に下のものがある場合は数えず✓もつけません。

🐟　　🐌　　☁

🍒 は [　　] 個

目標の時間設定はよかったですか？　　よかった　　わるかった

理由・感想

_____

年　組

集中力をつけよう ⑯

これまでの最高	目標	今回
分　秒	分　秒	分　秒

- ◯の数を数えながら、できるだけ早く◯に ✓ をつけましょう。
- ただし、◯の左に下のものがある場合は数えず ✓ もつけません。

◯ は [　　] 個

目標の時間設定はよかったですか？　　よかった　わるかった

理由・感想

② 感情をうまくコントロールできるトレーニング

　感情のコントロールについて、段階的に行うトレーニング（段階式感情トレーニング：Staged Emotional Training：SET）をご紹介します。感情コントロールへの取り組みとしてよく聞かれるのが、すぐに子どもに今の気持ちを表現させようとする方法です。「あの子は気持ちを言うのが苦手です。どうしたらもっと気持ちを出せるようになるでしょう？」と尋ねる先生がおられます。また少し工夫して表情カードなどを用意し、「今どんな気持ち？」とカードを選ばせて、その次に「そうなんだね。どうしてそんな気持ちになったの？　何があったの？」と聞く先生もおられます。しかしこれらを逆に自分がされる側になって想像してみて下さい。とても心理的に負担ではありませんか？　自分の気持ちを表現するのはとても大変なことなのです。このため、このような感情の表現とコントロールが苦手な子どもたちに対しては、トレーニングを段階的に行っていくとよいでしょう。ここでは次の手順で行っていきます。

　　この人はどんな気持ち？………他者の表情・状況理解（1人）
　　この人たちはどんな気持ち？…他者の表情・状況理解（複数）
　　違った考えをしてみよう………自己感情（怒り）のコントロール
　　悩み相談室………………………他者への共感、思いやり、自己感情のコントロール法の確認

この人はどんな気持ち？──他者の表情・状況理解（1人）

　ある人の表情を見て、どんな気持ちだろうなと想像することはそれほど困難ではありません。自分の気持ちを言うのは負担がかかりますが、人の気持ちは比較的容易に言えます。ですので、まず他者の感情を表現するところから始めます。感情の表現に際しては、感情の種類（怒り、喜び、悲しみ、驚き、さびしい、…など）や、感情は顔だけでなく身体全体でもサインを出していることを確認していきます。

この人たちはどんな気持ち？──他者の表情・状況理解（複数）

　次に複数の人たちが何か話し合っている光景を想定します。その人たちはそれぞれどのような気持ちでしょうか？　2人以上になると急に難しくなります。その人たちの関係性やその場の状況を理解する必要があるからです。父親が子どもをじっと見つめている親子2人の写真

があるとします。そこからは「子どもが何か失敗して親から怒られている」「子どもが親に何か相談事を聞いてもらっている」などが考えられるかもしれません。その人たちがおかれている状況や関係性から想像される気持ちも変わります。ここでは、複数の人たちの状況イラストを見せ、「それぞれどんな気持ちか？　何があったか？」を考えてもらいます。正解はありません。できればグループ内で話し合って色々な意見を言ってもらいましょう。ある1枚の状況イラストについて「僕はこう考えたけど、あの人は違うように考えた。いろんな見方があるんだ」と気づきを与えることができます。

違った考えをしてみよう──自己感情（怒り）のコントロール

　ここで初めて自分の気持ちを表現していきます。気持ちの中で一番しんどいものはやはり「怒り」でしょう。怒りには大きく「かっとなる怒り」「じわじわくる怒り」に分けられますが「かっとなる怒り」に対しては即効性のある対処方法はなかなかありません。クールダウンできる場所に移動させる、深呼吸させる、楽しいことを考えさせる、といった方法などがありますが、効果に個人差があります。そのため事前に自分の怒りの引き金（自分特有の怒りのツボ）と反応パターン（怒りの出し方。怒鳴る、無視するなど）を理解して、前もって「怒り」を起こしそうな場面に対して心の準備をしておくといった方法が効果的です。

　ここで「違った考えをしよう」シートを使用します。この方法は自分の怒りが生じる思考パターンを知り、その否定的な思考を修正して、怒りを減らしていく認知行動療法を利用しています。怒りを表現するだけではなかなかストレスを発散できません。怒りの元になった出来事が解決しなければいつまでも怒りが持続します。しかし元の出来事そのものを解決するのはとても困難です。そこで「違った考えをしてみよう」シートを使って元の出来事に対する考え方を変えることで怒りを減らしていくのです。状況は何も変わっていないのに、考え方を変えるだけで気持ちも変わるということを体験してもらいます。怒りを感じるのは「馬鹿にされた」「相手が自分の思い通りにならない」などが多いですが、それらはそう感じる人の価値観や固定観念のせいであることも多く「自分も悪かったのでは？」と考えてみるとどうでしょうか？ぜひ子どもたちに試して、気持ちの変化を聞いてみて下さい。もちろん、「じわじわくる怒り」にも適用できます。

悩み相談室──他者への共感、思いやり、自己感情のコントロール法の確認

　感情トレーニングの応用段階です。友だちの困った状況を設定し、その中で友だちの気持ちに寄り添い、アドバイスすることで、他者への共感力や思いやりの力を養います。これまでの「この人・この人たちはどんな気持ち？」「違った考えをしてみよう」で学んだことを応用して、その状況を読み取り、怒りや悲しみなどの気持ちを抑えるためにどう思考を変えたらいいかなど、考えてもらいましょう。さらに他者へ適切にアドバイスできるように、より現実的、具体的に考えることで、自己の感情コントロールの方法も再確認し、定着できることを目指します。

❷ 感情をうまくコントロールできるトレーニング
この人はどんな気持ち？

●子どもにつけて欲しい力
　他者（1人）の表情・状況を読み取って表現する力をつけます。

●進め方
　ワークシートを配ります。そしてシートにあるイラストを見て、その人は「どんな気持ちか？」「いったい何があったのか？」を想像してシートに書いてもらい、発表してもらいましょう。発表するときは、なぜそう感じたか、理由も聞いてみましょう。

●ポイント
・子どもたちの感情を扱う上で、まず感情というものに関心をもってもらう必要があります。感情にはどのようなものがあるか（怒り、喜び、悲しみ、驚き、さびしい、悔しい、困った、焦る、つらい……など）を同時に確認していきましょう。
・表情以外にも視線の向きにも注意すること、また感情は顔だけでなく身体全体でもサインを出していることに気づくよう促していくことも大切です。発表の際に、その気持ちを書いた理由として、もしそのような発言（身体に関するサインなど）が出たら、「よく気がつきましたね」と褒めてあげましょう。
・クラスの他の子はどう考えて感じたのかを知ることで、人によっていろんな考え方があることにも気づいてもらいましょう。

●留意点
・ここでは人に注意を向けて、その人が何を考え、どう感じているのかを想像し、表現する練習をします。ですので、イラストの人物を見て、少しでも多くの気持ちや状況を出してもらうことが大切です。
・他者感情を想像する上で正解はありませんので、おかしいと思われる感情や状況をシートに書いたり、発表しても、「そういう見方もありますね」と、肯定的なフィードバックを返してあげましょう。

| 取り組み時間 | 5分（計4回分） | 場所 | 教室 |

用意するもの　印刷したワークシートと鉛筆

例

下の人は今、どんな気持ちでしょうか？　いったい何があったのでしょうか？
想像して 〰 に気持ち、下の □ に何があったか書きましょう。

悲しい、つらい

という気持ち

いったい何があったと思いますか？

・宿題を忘れて先生に怒られて落ち込んでいます。

・仲のいい友だちとケンカをして悲しい気分になっています。

・朝寝坊して、朝ご飯を食べる時間がなくて学校に来てしまいました。それでお腹が空いてつらいです。

❷　感情をうまくコントロールできるトレーニング

年　組 _____

この人はどんな気持ち？①

下の人は今、どんな気持ちでしょうか？　いったい何があったのでしょうか？
想像して ⌬ に気持ち、下の □ に何があったか書きましょう。

という気持ち

いったい何があったと思いますか？

年　組 ＿＿＿＿＿＿＿＿

この人はどんな気持ち？❷

下の人は今、どんな気持ちでしょうか？　いったい何があったのでしょうか？
想像して ⌇⌇ に気持ち、下の □ に何があったか書きましょう。

という気持ち

―― いったい何があったと思いますか？ ――

　　　　　　　　　　　　　　　年　組
　　　　　　　　＿＿＿＿＿＿＿＿＿＿＿＿＿

この人はどんな気持ち？❸

下の人は今、どんな気持ちでしょうか？　いったい何があったのでしょうか？
想像して 〇 に気持ち、下の □ に何があったか書きましょう。

という気持ち

― いったい何があったと思いますか？ ―

年　組 _____

この人はどんな気持ち？❹

下の人は今、どんな気持ちでしょうか？　いったい何があったのでしょうか？
想像して 〰 に気持ち、下の □ に何があったか書きましょう。

という気持ち

――― いったい何があったと思いますか？ ―――

❷ 感情をうまくコントロールできるトレーニング
この人たちはどんな気持ち？

●**子どもにつけて欲しい力**
　他者（複数）の人たちの表情・状況を読み取って表現する力をつけます。

●**進め方**
　ワークシートを配ります。そしてシートにあるイラストを見て、その人たちはそれぞれ「どんな気持ちか？」「いったい何があったのか？」を想像してシートに書いてもらい、発表してもらいましょう。発表するときは、なぜそう感じたのか理由も聞いてみましょう。

●**ポイント**
・シートの中の人たちの視線はどこに向けられているのか、そしてどのような表情をしているのか、まずそこを確かめてから考えてもらいましょう。
・クラスの中での子どもたちの関係性は複数であることが多く、子どもたちは瞬時に友だちの感情や状況を読み取り対応していかねばなりません。クラスでの友だちの気持ち、状況も想像しながら練習しましょう。
・ここでは特に、クラスの他の子はどう考えて感じたのかを知ることが大切です。1人の表情の場合と比べて、さらに様々な考え方があること、いろいろな価値観があることを学んでもらいましょう。

●**留意点**
・1人の気持ちを想像するのとは違って、複数の人たちの感情を想像するのは、それぞれの関係性を考える必要もありとても難しいことです。これらに正解はありませんので、色々な状況を想像してもらい気持ちを考えてもらいましょう。
・この課題が難しい子どもには、いきなり気持ちを考えさせるのではなく、まず何があったのかを想像してもらい、それから登場人物それぞれに対して、1人の表情・状況を読む手順に戻って考えてもらうといいでしょう。
・学校とは関係ないような場面が出てきますが、学校内の場面では登場人物の関係性が限定されてしまいますので、ここではあえて多様な関係性が想定される場面を用意しています。

| 取り組み時間 | 5分（計6回分） | 場所 | 教室 |

用意するもの　印刷したワークシートと鉛筆

例

下の人たちは今、どんな気持ちでしょうか？　いったい何があったのでしょうか？
想像して💭に気持ち、下の☐に何があったか書きましょう。

困ったわ

不安だ

いったい何があったと思いますか？

・2人は道路の下に猫の死骸を見つけました。それで可哀想に思って、悲しくなっています。

・2人は道に迷っています。地図を見ながらどうしようかと困っています。

・2人は恋人同士でしたが、昨日ケンカをして別れ話をしています。

❷　感情をうまくコントロールできるトレーニング

_____　年　組 _____

この人たちはどんな気持ち？①

・下の人たちは今、どんな気持ちでしょうか？
・いったい何があったのでしょうか？
・想像して💭に気持ち、下の□に何があったか書きましょう。

——— いったい何があったと思いますか？ ———

年　組　_____

この人たちはどんな気持ち？❷

下の人たちは今、どんな気持ちでしょうか？
いったい何があったのでしょうか？
想像して ☁ に気持ち、下の □ に何があったか書きましょう。

― いったい何があったと思いますか？ ―

年　組

この人たちはどんな気持ち？❸

下の人たちは今、どんな気持ちでしょうか？
いったい何があったのでしょうか？
想像して 〇 に気持ち、下の □ に何があったか書きましょう。

いったい何があったと思いますか？

年　組

この人たちはどんな気持ち？ ❹

下の人たちは今、どんな気持ちでしょうか？
いったい何があったのでしょうか？
想像して 〇 に気持ち、下の □ に何があったか書きましょう。

いったい何があったと思いますか？

年　組 ＿＿＿＿＿＿＿

この人たちはどんな気持ち？❺

下の人たちは今、どんな気持ちでしょうか？
いったい何があったのでしょうか？
想像して ○○○ に気持ち、下の □ に何があったか書きましょう。

いったい何があったと思いますか？

年　組

この人たちはどんな気持ち？❻

下の人たちは今、どんな気持ちでしょうか？
いったい何があったのでしょうか？
想像して 〇 に気持ち、下の □ に何があったか書きましょう。

―― いったい何があったと思いますか？ ――

❷ 感情をうまくコントロールできるトレーニング
違った考えをしよう

● **子どもにつけて欲しい力**
　日常生活の中でトラブルのもととなる、怒りなどの感情をコントロールする練習をします。

● **進め方**
　日頃感じた嫌な気持ちを、右の例のようにシートに書き込んでもらいます。気持ちは、怒り、悲しい、などマイナスの感情を扱います。そしてその気持ちを下げる考え方について朝の会の5分で記入してもらい、終わりの会の5分で誰かに発表してもらいましょう。

● **ポイント**
・気持ちの程度（％）は100％なら行動化している（怒り100％で殴りかかる等）レベルです。怒りや悲しみの程度は60％以上になる出来事を選んでもらいましょう。
・違った考えは、気持ちが40％以下になるものが出てくるまで考えさせましょう。もしそのような違った考えが出てこなければ、他のみんなにアイデアを出してもらいましょう。
・たいてい相手を責めるような他責的な考え方では怒りが下がらず、「自分も悪かったのでは？」という自責的な考えで怒りが下がることが多いです。他責的な考え方ばかりの時は、自分にも非がなかったかを振り返ることができるようなヒントを出してあげましょう。

● **留意点**
・「違った考え」では、みんながする一般的な考え方が正しいとは限りません。その本人にとって怒りが下がることが必要です。ただし、非道徳的な考え方（「死ねと思う」など）は避けるよう伝えましょう。
・ここで扱う出来事は、同じクラスの友だちのことを対象にしないことを事前に決めておきましょう。自分のことを言われてしまうと、トラブルになります。
・「先生に相談する」といった違った考えは、自分の考えだけでは完結しませんので、できれば他の考え方を出してもらいましょう。

取り組み時間	5分（朝の会の5分で記入、終わりの会の5分で発表）（計12回分）
場所 教室	用意するもの 印刷したワークシートと鉛筆

例

違った考えをしようシート

9 月　13 日　　場所・場面（　学校の廊下　）

何があった？
Aくんとすれちがったとき、Aくんは僕の顔を見てニヤニヤして行ってしまった。

あなたはどうした？　どう思った？
にらみ返した。僕のことをバカにしているにちがいない。

どんな気持ち？　どれくらいの強さ？
気持ち：怒り　　　　　　　　強さ　　　　　　70 ％

	違った考え	気持ち	%	感想
考え方①	いつか仕返ししてやろう。	怒り	75	もっと腹が立ってきた
考え方②	そんなことで怒っても仕方ない。我慢しよう。無視しよう。	怒り	40	でも思い出して腹が立つ
考え方③	ひょっとして僕のことを笑ったんじゃなくて思い出し笑いをしただけかもしれない。	怒り	10	そういえば僕だって思い出し笑いをして一人でニヤニヤすることがあるな

❷　感情をうまくコントロールできるトレーニング

　　　　　　　　　　　　　　　　　　　　年　　組
_____

違った考えをしよう

> いやなことがあったとき、下のシートを使っていやな気持ちを減らしましょう。

違った考えをしようシート			
月　　　日　　　場所・場面（　　　　　　　）			
何があった？			
あなたはどうした？　どう思った？			
どんな気持ち？　どれくらいの強さ？ 気持ち：　　　　　　　　　強さ　　　　　　％			
	違った考え	気持ち	％	感想
考え方①				
考え方②				
考え方③				

❷ 感情をうまくコントロールできるトレーニング
悩み相談室

● **子どもにつけて欲しい力**
　同級生の悩みに寄り添い、アドバイスすることで、他者への共感や思いやりの力を養います。

● **進め方**
　登場人物の悩みを読んでもらい、それに対するアドバイスを真ん中の欄〈あなたからのアドバイス〉に書いてもらいましょう。書き終わったら何人かに発表してもらって、もし参考になると思えば、下の欄〈参考になった他の人のアドバイス〉にメモしておいてもらいましょう。

● **ポイント**
・いかに登場人物の立場になって考えることができるかがポイントです。そのために自分の似たような体験を思い出してもらい、その時にはどのようなアドバイスがよかったかなどを書いてもらうといいでしょう。
・非現実的なアドバイスであった場合でも、ここでは登場人物に共感し、思いやることが目的ですので1つのアドバイスとして受け取ってあげましょう。

● **留意点**
・自分に対してはうまく思い付かなくとも、人へのアドバイスは意外とできるものです。ここでは子どものそんな矛盾に気づいても指摘せず、アドバイスができたことを褒めてあげましょう。時間が経てば、他者に対して行ったアドバイスは、自分が登場人物と同じ立場に立った時の助けとなったり、同じようなケースに出会った際に、同級生に優しく接するきっかけになるでしょう。

取り組み時間	10分（朝の会の5分で記入、終わりの会の5分では発表）計4回分
場所	教室
用意するもの	印刷したワークシートと鉛筆

例

> まゆみさんの悩みにアドバイスをしてあげましょう。参考になった他の人のアドバイスがあれば、書いておきましょう。

〈まゆみさんの悩み〉

私は学校に友だちが一人もいません。休み時間は一人でボーッとしていて、みんなは楽しそうに友だちと話しています。友だちをつくるにはどうしたらいいでしょうか？

〈あなたからのアドバイス〉

友だちがいなくてもしっかり学校へ行っていて偉いと思います。ぼくも友だちを作るのが苦手で一人でいることが多くて、とても寂しかったので、気持ちがよく分かります。ぼくは席が近くになった子に、積極的に話しかけました。そうしたら、その子も話してくれるようになって友だちになりました。
「おはよう」とか「その消しゴム可愛いね」とか最初は何でもいいので思い切って話しかけることが大切と思います。

〈参考になった他の人のアドバイス〉

友だち作りは最初が大切だよ。だから、クラス替えがあったら隣の子に「前、何組だった？」とか話しかけるといいよ。

❷ 感情をうまくコントロールできるトレーニング

年　　組 _____

悩み相談室①

まゆみさんの悩みにアドバイスをしてあげましょう。参考になった他の人のアドバイスがあれば、書いておきましょう。

〈まゆみさんの悩み〉

> 私は学校に友だちが一人もいません。休み時間は一人でボーッとしていて、みんなは楽しそうに友だちと話しています。友だちをつくるにはどうしたらいいでしょうか？

〈あなたからのアドバイス〉

〈参考になった他の人のアドバイス〉

　　　　　　　　　　　　　　年　組
　　　　　　　　　　　　　　_____

悩み相談室❷

ひろゆきくんの悩みにアドバイスをしてあげましょう。参考になった他の人のアドバイスがあれば、書いておきましょう。

〈ひろゆきくんの悩み〉

友だちとケンカしました。バカにされてムカついたので叩きました。ぼくはわるくないと思っているので、自分からはあやまりたくはありません。でも、今まで通りいっしょにあそびたい気持ちがあります。どうすればいいでしょうか？

〈あなたからのアドバイス〉

〈参考になった他の人のアドバイス〉

-3-

　　　　　　　　　　　　　　　　　年　　組
　　　　　　　　　　　　　　　　_____

悩み相談室❸

りょうくんの悩みにアドバイスをしてあげましょう。参考になった他の人のアドバイスがあれば、書いておきましょう。

〈りょうくんの悩み〉

きのう、友だちとあそびに行くと言っただけで親が怒りました。ぼくはなんでそんな怒られないといけない、と思いました。親は毎日、ぼくにうるさくいってきます。親はぼくのことがきらいだと思います。みんなは親とうまくいっていますか？ぼくはどうしたらいいでしょうか？

〈あなたからのアドバイス〉

〈参考になった他の人のアドバイス〉

年　組 _____

悩み相談室 ❹

さやかさんの悩みにアドバイスをしてあげましょう。参考になった他の人のアドバイスがあれば、書いておきましょう。

〈さやかさんの悩み〉

今日の放課後、みゆきちゃんとあそぶ約束をしたのですが、昨日、はるかちゃんとも今日の放課後あそぶ約束をしていました。すっかり忘れていました。先に約束していたはるかちゃんとあそんだ方がいいと思い、みゆきちゃんにあそべなくなったことを言ったら「わたしよりはるかちゃんがいいのね」と泣いて帰ってしまいました…。
先に約束していた方を優先しただけなのに、みゆきちゃんが分かってくれなくて悲しかったです。あやまった方がいいでしょうか？

〈あなたからのアドバイス〉

〈参考になった他の人のアドバイス〉

③ 危険なことを察知するトレーニング

　夏休みなどに子どもたちの不慮の事故による死亡のニュースが度々聞かれます。1〜14歳の子どもの死因の第1位は、「不慮の事故」です。その中で多いのが交通事故や水の事故などです。子どもたちも決して死にたいわけではありません。おそらく保護者や先生からは危険なこと（道路で急に飛び出すと危ない、など）については何度も教えてもらっていたはずです。しかし大人から注意を受けただけではその深刻さや頻度が頭の中だけの理解に留まり、不幸にして防ぎきれなかったこともあるでしょう。また分かってはいたものの全く予想外（相手の不注意など）のことが生じたこともあるでしょう。
　ここではそのような不慮の事故を減らすため、子どもたち自身に自分の身を自分で守るために、事前にあらゆる危険なことを察知してもらう練習をしてもらいます。そのことで危険なことから避ける準備につながることを目指します。ただし、個人が感じ取る危険には限度がありますので、クラス全員で危険と思われることを少しでも多く察知していきます。
　危険なことを察知する際に気をつけることがあります。それは危険なことが起こった際の身心へのダメージと起こり得る可能性です。危険の重大性として、

「危険の重大性　＝　身心へのダメージ　×　起こり得る可能性」

と考え、予想される数ある危険に対して優先順位をつけていくことが効果的です。提示する課題では身心へのダメージは救急車が呼ばれるレベルや深刻な心の傷になるレベル、起こり得る可能性としては十分にあり得るレベルを想定しています。
　ワークでは、少しでも危険に感じた箇所にどんどん×をつけていってもらいます。この際、重大度は考慮しません。少しでも多くの危険箇所にいかに注意が向けられるかを最も重要視して進めます。その次の段階で、×をつけたところに対して、「身心へのダメージ」と「起こり得る可能性」について考えてもらいます。そして上の式に基づき「危険の重大性」を考慮させ優先順位をつけていってもらいます。優先順位をつけた後はグループまたはクラス全体で発表してもらいましょう。そして自分では気づかなかった危険を学んでもらいましょう。
　発表の際に配慮すべきこととして、そのようなことが起こり得るはずがないと思われがちな箇所でも、敢えて指摘はせず、気づきと発想を大切にしていきます。あくまでも子どもの自由な発想を尊重しましょう。
　ワークでは6つの場面を想定し、それぞれ①交差点での飛び出し事故、②風呂場での溺死、

洗濯機に閉じ込められる事故、③交差点での巻き込み事故、④川での溺死、⑤キッチンでの火傷、バルコニーからの転落事故、⑥誘拐事件、について扱っています。よりリアリティを出すために、①〜⑤では後に救急車が呼ばれるくらいの事件が起こることを想定しています。

　①では、右の赤ちゃんや正面のネコに注意が向き、左から来るだろう自動車に注意が向かなくなる可能性があります。赤ちゃんやネコがいてもいなくても、交差点では常に自動車に気をつけることを学んでもらいます。

　②では、わずかな水位でも子どもが浴槽で溺死する可能性があることを伝えます。また、洗濯機ドラムの中に入って隠れんぼをして遊んでいた時、出られなくなった、他の子どもがスイッチを入れた、などの理由で死亡事故が報告されています。絶対に洗濯機の中には入らないことを教えます。

　③では、歩行者信号が青だから安全だ、とは言えないことを知ってもらいます。前の自転車に気を取られ、右から左折しようとしてきたトラックに巻き込まれる危険があります。横断歩道を渡る際には、周りの自動車がきちんと止まってくれるかを確認する習慣をつけてもらいましょう。

　④では、浅いと思った川でも、急に深くなって溺死に繋がることを知ってもらいます。手前でボールで遊んでいる子どもたちは、ボールが川に流されそれを取りに行く時、奥で釣りをしている子どもは魚を水中に見つけて、川に入ってしまう時、右の石の上の子どもは滑って石の上から川へ落ちてしまう時が危険だと思われます。

　⑤では、電気ポットが転倒して火傷を負う可能性、バルコニーではエアコンの室外機の上に登って、柵から下を覗いた際に転落事故に繋がる可能性について知ってもらいましょう。

　⑥は、①〜⑤と設定が異なりますが、誘拐されそうな事件を扱っています。知らない人から声をかけられて車に乗るよう誘ってくるケースは、とにかく危険だと知ってもらいましょう。また道を聞かれてそのまま車に乗せられてしまうケースもありますので、そのことも伝えておきましょう。

　これだけのケース例で全ての危険な状況をカバーできるわけではありませんが、このワークをきっかけに、日常生活に潜むさまざまな危険に注意を向ける習慣をつけてもらえればと思います。

❸ 危険なことを察知するトレーニング
何が危ない？

●子どもにつけて欲しい力
　危険な状況を日頃から事前に予測しておくことで、危険から回避できる力を養います。

●進め方
　ワークシートにあるイラストを見てもらい、危険だと感じたところに×をつけ、1から順に番号をつけてもらいます。その後、下の番号に対応する空欄に×をつけた理由を書いてもらいます。次に危険だと思う順番、起こりうると思われる順番について下の空欄に番号を書き、何に一番気をつけないといけないのかを考えさせます。記入が終われば、数人に発表してもらい、他の人が感じた危険箇所とその理由の相違を確認してもらいましょう。もし自分で思いつかなかった箇所があれば、記入させましょう。

●ポイント
・誰も好んで危険な目に遭うわけではありません。子どもたちでも普通に予想できることには注意を払えますが、予想外のことや、まだ一度も経験したことがないこと、それをするとその後どうなるかを予想できないことに対しては、注意深く行動することは難しいでしょう。ここでは、出来るだけ起こり得ることをたくさん挙げてもらいましょう。
・危険をなかなか予想できない子どもには、それが起これば どんな結果につながるかを考えさせれば、それが危険だということに気づくでしょう。例えば、右の例では、「左から急に車が飛び出してきたらどうなるか？」「前を走っている子どもが急に立ち止まったらどうなるか？」などです。

●留意点
　危険を感じるところは、子どもによって違うことがあります。少しでも多くの危険を感じ取ることが目的ですので、みんなと違うようなことや、一見あり得ないようなことを子どもが言ったとしても、たしなめることはせず、1つの気づきとして聞いて、「よくそこまで気がつきましたね」と返してあげるといいでしょう。

取り組み時間	5分（計6回分）	場所	教室
用意するもの	印刷したワークシートと鉛筆		

例

> 近所の曲がり角で母親がベビーカーを押しています。母親の左側にはネコがいました。……10分後、救急車が到着しました。

なぜ救急車がくることになったのでしょうか？ あなたが危ないと感じたところに×をつけ、横に1から順に番号をつけましょう。次に×をつけたところがどうして危ないと思ったのか下に書きましょう。

1 （赤ちゃんと子どもがぶつかる　　　　　　　　　　　　　　　　）
2 （母親の上に植木鉢が落ちてくる　　　　　　　　　　　　　　　）
3 （左から車が飛び出してくる　　　　　　　　　　　　　　　　　）
4 （ネコが赤ちゃんをおそう　　　　　　　　　　　　　　　　　　）
5 （前の子どもが急に立ち止まり、後ろの子どもがぶつかる　　　　）

危険だと思う順番にならべましょう（　　3　1　2　4　5　）

起こると思う順番にならべましょう（　　1　5　3　4　2　）

あなたは何に一番気をつけますか？（　　　　3　　　　）

年　　組 _____

何が危ない？①

近所の曲がり角で母親がベビーカーを押しています。母親の左側にはネコがいました。……10分後、救急車が到着しました。

なぜ救急車がくることになったのでしょうか？　あなたが危ないと感じたところに×をつけ、横に1から順に番号をつけましょう。次に×をつけたところがどうして危ないと思ったのか下に書きましょう。

1 (　　　　　　　　　　　　　　　　　　　　　　　　　　　　　)

2 (　　　　　　　　　　　　　　　　　　　　　　　　　　　　　)

3 (　　　　　　　　　　　　　　　　　　　　　　　　　　　　　)

4 (　　　　　　　　　　　　　　　　　　　　　　　　　　　　　)

5 (　　　　　　　　　　　　　　　　　　　　　　　　　　　　　)

危険だと思う順番にならべましょう (　　　　　　　　　　　　　)

起こると思う順番にならべましょう (　　　　　　　　　　　　　)

あなたは何に一番気をつけますか？ (　　　　　　　　　　　　　)

年　　組　_____

何が危ない？❷

たかしくんは洗面所にきて手を洗おうとしています。30分後、お母さんが洗面所にきておどろきました。……10分後、救急車が到着しました。

　なぜ救急車がくることになったのでしょうか？　あなたが危ないと感じたところに×をつけて、横に1から順に番号をつけましょう。次に×をつけたところがどうして危ないと思ったのか下に書きましょう。

1 (　　　　　　　　　　　　　　　　　　　　　　　　　　　　　　　)

2 (　　　　　　　　　　　　　　　　　　　　　　　　　　　　　　　)

3 (　　　　　　　　　　　　　　　　　　　　　　　　　　　　　　　)

4 (　　　　　　　　　　　　　　　　　　　　　　　　　　　　　　　)

5 (　　　　　　　　　　　　　　　　　　　　　　　　　　　　　　　)

危険だと思う順番にならべましょう (　　　　　　　　　　　　　)

起こると思う順番にならべましょう (　　　　　　　　　　　　　)

あなたは何に一番気をつけますか？ (　　　　　　　　　　　　　)

年　組 ＿＿＿＿＿＿＿＿＿＿

何が危ない？❸

```
ゆみこさんは交差点にいます。歩行者信号が青になったので横断歩道をわた
ろうとしています。……5分後、救急車が到着しました。
```

　なぜ救急車がくることになったのでしょうか？　あなたが危ないと感じたところに×をつけて、横に1から順に番号をつけましょう。次に×をつけたところがどうして危ないと思ったのか下に書きましょう。

1 (　　　　　　　　　　　　　　　　　　　　　　　　　　　　　)

2 (　　　　　　　　　　　　　　　　　　　　　　　　　　　　　)

3 (　　　　　　　　　　　　　　　　　　　　　　　　　　　　　)

4 (　　　　　　　　　　　　　　　　　　　　　　　　　　　　　)

5 (　　　　　　　　　　　　　　　　　　　　　　　　　　　　　)

危険だと思う順番にならべましょう (　　　　　　　　　　　　　)

起こると思う順番にならべましょう (　　　　　　　　　　　　　)

あなたは何に一番気をつけますか？ (　　　　　　　　　　　　　)

年　　　組
_____

何が危ない？❹

子どもたちが川遊びをしています。30分後、子どもたちが大声で親を探しています。何かあったようです。……30分後、救急車のサイレンが聞こえました。

　なぜ救急車がくることになったのでしょうか？　あなたが危ないと感じたところに×をつけて、横に1から順に番号をつけましょう。次に×をつけたところがどうして危ないと思ったのか下に書きましょう。

1 (　　　　　　　　　　　　　　　　　　　　　　　　　　　　)

2 (　　　　　　　　　　　　　　　　　　　　　　　　　　　　)

3 (　　　　　　　　　　　　　　　　　　　　　　　　　　　　)

4 (　　　　　　　　　　　　　　　　　　　　　　　　　　　　)

5 (　　　　　　　　　　　　　　　　　　　　　　　　　　　　)

　危険だと思う順番にならべましょう (　　　　　　　　　　)

　起こると思う順番にならべましょう (　　　　　　　　　　)

　あなたは何に一番気をつけますか？ (　　　　　　　　　　)

年　　　組

何が危ない？ ❺

ひろしくんは家で一人でおるすばんをしています。30分後、お母さんが帰ってきておどろきました。……10分後、救急車が到着しました。

　なぜ救急車がくることになったのでしょうか？　あなたが危ないと感じたところに×をつけて、横に1から順に番号をつけましょう。次に×をつけたところがどうして危ないと思ったのか下に書きましょう。

1 (　　　　　　　　　　　　　　　　　　　　　　　　　　　　　　　　)

2 (　　　　　　　　　　　　　　　　　　　　　　　　　　　　　　　　)

3 (　　　　　　　　　　　　　　　　　　　　　　　　　　　　　　　　)

4 (　　　　　　　　　　　　　　　　　　　　　　　　　　　　　　　　)

5 (　　　　　　　　　　　　　　　　　　　　　　　　　　　　　　　　)

危険だと思う順番にならべましょう (　　　　　　　　　　　　　　　)

起こると思う順番にならべましょう (　　　　　　　　　　　　　　　)

あなたは何に一番気をつけますか？ (　　　　　　　　　　　　　　　)

　　　　　　　　　　　　　　　年　　組
　　　　　　　　　　　　　　_____

何が危ない？ ⑥

:::
みかさんが学校から家に帰っていると、お母さんの友だちという人があらわれ、下のように言いました。
:::

みかちゃんでしょ？
私はみかちゃんのお母さん
の友だちなんだけど、
お母さんが事故にあったから
急いで病院へ行くよ。
はやく車に乗って！！

　この後、みかさんはどうなると思いますか？　いくつか考えて、下に書きましょう。

　　1（　　　　　　　　　　　　　　　　　　　　　　　　）

　　2（　　　　　　　　　　　　　　　　　　　　　　　　）

　　3（　　　　　　　　　　　　　　　　　　　　　　　　）

　　4（　　　　　　　　　　　　　　　　　　　　　　　　）

　　5（　　　　　　　　　　　　　　　　　　　　　　　　）

　危険だと思う順番にならべましょう（　　　　　　　　　）

　起こると思う順番にならべましょう（　　　　　　　　　）

　あなたは何に一番気をつけますか？（　　　　　　　　　）

人との接し方を学べるトレーニング

　子どもの支援者にとって、子どもの対人スキルを向上させることは大きな目標の1つです。どんなに勉強やスポーツができても、対人スキルがうまくいかなければ社会で生きていくのが難しくなります。一方で、対人スキルがうまくいけば、勉強やスポーツができなくても何とか生きていくこともできるでしょう。

　ところで、対人スキルはコミュニケーション力そのものと言えます。そこでコミュニケーション力の向上を目指すとすればいいわけですが、それはとても困難です。なぜならコミュニケーション力は、いわばそれまでの人生の総結集とも言えるもので、その人が長年培って作ってきた結果であるからです。そもそもコミュニケーション力は直ぐに身につくものではないのです。だから、子どもたちに満足のいくコミュニケーション力をつけさせることはとても困難と考えられるのです。

　しかし一方、コミュニケーション力は幾つかの基本的なスキルから構成されています。その1つが、対人マナー力です。対人マナーには、例えば、様々な挨拶（朝の挨拶や別れの挨拶など）、お礼などの感謝、謝罪、人にものを頼む・断る際の言葉などがあります。またそれらの言葉を使う際には、適切な"声の大きさ"、"視線の向き"、"距離"、"タイミング"も必要です。これらの対人マナーは練習をすれば短期間で身につきますし、これを向上させるだけでもコミュニケーション力の向上にもつながります。ですので、ここでは人との接し方を学べるトレーニングとして効果的な対人マナー力を向上させることを目指しましょう。

　本章は以下の4つのトレーニングからなります。最初の2つは対人マナーを学ぶ前に自分の特性に気づくところから始めます。後の2つは人への効果的な頼み方、謝罪の仕方、断り方などを学びます。

- 自分を知ろう（過去・未来の自分と手紙交換）
- 自分を知ろう（学期ごと山あり谷ありマップ）
- 人にものを頼もう
- うまく謝ろう・断ろう

自分を知ろう―過去・未来の自分と手紙交換

　自分がどのような人間かを正しく知ることは、自分を変えたいと思うための大きな動機づけになります。そこでここでは、自分に注意を向けて自分の特性を知り、どう自分を変えていくかを考えることを目指します。「過去・未来の自分と手紙交換」は先のことを予想して目標を立て、結果を振り返り、目標の立て方がどうであったかなど、自己をフィードバックしていきます。具体的には未来（数ヶ月後）の自分に宛てて手紙を書き、数ヶ月経ってからその手紙を読んで、過去の自分をどう感じたか、過去の自分にアドバイスすることはないか、考えてもらいます。そして次に更に未来の自分に宛てて手紙を書きます。これを学期ごとに繰り返していきます。過去の自分に対して目標とズレがあればそれを認識し、次の未来の自分に対して等身大の手紙を書けることがここの目的です。

自分を知ろう―学期ごと山あり谷ありマップ

　各学期が終わるごとに自分のさまざまな体験（楽しかった体験、つらかった体験）を図示して学校や家庭での自分の生活を客観的に評価していきます。特に、自分にとって何が一番つらい体験だったか、現在はそれに対してどうであるかなどを考えることで、自分を見つめ直します。時間軸の最初は常に1学期の初めと固定し、学期を経ることに時間軸は伸びていきます。

　しかし、自分にとってつらかった体験が必ずしもいつも同じ程度とは限りません。もっとつらい体験があると、以前のつらかった体験が相対的に軽くなることもあります。つらかった体験も時間が経てば結果的にいい思い出になるなどを体験してもらいます。

人にものを頼もう

　日常生活を送る上で、困った時に人にものを頼むことは欠かせません。人に何かして欲しいとき、頼み方次第でうまくいくときもあれば、うまくいかないときもあります。ではどのようにするのがいいのかを対人マナーの観点から考えていきます。

　ワークでは自分が人から頼まれたと想定して、どのような場合なら応じてもいいか、応じたくないかを考えることで、逆に自分が頼む場合の参考にしてもらいます。

うまく謝ろう・断ろう

　人と接する中で、謝罪したり断ったりする際に本当のこと（例えば、約束していたのに急に他の子と遊びたくなくなった）を言うと逆にうまくいかないこともあり、言い方次第ではトラブルになることもあります。謝罪や断った後にも良好な関係を続けるためには、相手をいかに思いやり傷つけず、伝えるかがポイントです。

　ここでは、自分ならどのような謝罪のされ方・断られ方をされると嫌な気持ちになるかを考えてもらい、さらに、そうならない謝罪・断り方を考えてもらうことで、うまい謝り方、断り方を学んでいきます。

❹ 人との接し方を学べるトレーニング
自分を知ろう（過去・未来の自分と手紙交換）

●**子どもにつけて欲しい力**
　先のことを予想して目標を立て、結果を振り返り、目標の立て方がどうであったかなど、自己をフィードバックする力をつけます。

●**進め方**
　各学期・夏休みの初めと終わりに２回ずつ、計８回行います。各学期・夏休みの初めに、その学期・夏休みの目標とその学期・夏休みの終わりの自分に向けて手紙を書きます。各学期・夏休みの終わりには、学期・夏休みの初めに書いた目標と手紙を読んで、「目標がうまくできたか？」「そう答えた理由は？」「学期・休みの初めに書いた手紙を読んだ感想」「学期・夏休みの初めの自分に向けた手紙」を書いていきます。次は新学期になると同じ作業を繰り返します。右頁に１学期の例を示します。
- １学期の初め：目標、「１学期の終わりの僕・私へ」の手紙
- １学期の終わり：目標の評価とその理由、「１学期の終わりの僕・私へ」の感想、「１学期の初めの僕・私へ」への手紙）

●**ポイント**
- 各学期・夏休みの初めに書いたシートは一旦回収して、その学期・夏休みの終わりに返し、それを読みながら、学期・夏休みの終わりのシートを書いてもらいます。かつて自分で書いた目標や手紙の内容を普段の生活で意識させないためです。
- 夏休みの終わりは２学期の最初に行いますが、夏休みの終わりの方に登校日があればその日を利用してもいいでしょう。
- 未来や過去の自分を、あたかも友だちのような感じで想像してもらい、手紙を書いてもらうといいでしょう。

●**留意点**
- あくまで自己を知るためきっかけ作りですので、各学期・夏休みの初めに立てる目標がかなり実現困難なものであっても、敢えて指導することは避けましょう。

| **取り組み時間** 10分（計8回分）各学期・夏休みの初めと終わり　**場所** 教室 |
| **用意するもの** 印刷したワークシート、筆記用具 |

1学期の初め

さあこれから新学期（1学期）が始まります。これからの1学期、あなたはどのように学校生活を過ごすでしょうか？　あなたの目標を書きましょう。

僕・私の1学期の目標

勉強がんばる、友だちとケンカしない

1学期にはいろいろなことがあると思います。1学期を終え、夏休み前の未来のあなたに向けて手紙（1学期の終わりの僕・私へ）を書きましょう。

1学期の終わりの僕・私へ

一学期よくがんばりましたね。目標も守れて、先生からもほめられたと思います。もうすぐ夏休みですね。楽しんでね。

1学期の初めの僕・私 より　　　4月 10日

1学期の終わり

1学期が終わろうとしています。もうすぐ夏休みです。1学期の初めに立てた目標と、今のあなたに向けて書いた手紙「1学期の終わりの僕・私へ」を読みましょう。

1学期の初めに立てたあなたの目標はうまくいきましたか？　○をしましょう。

うまくいった　　　どちらでもない　　　（うまくいかなかった）

その理由は？
テストの点が悪かった。友だちとよくケンカした

「1学期の終わりの僕・私へ」の手紙を読んで、その感想を書きましょう。
はずかしくなった。何も分かってないと思った

「1学期の終わりの僕・私へ」を書いた「1学期の初めの僕・私より」へ手紙を書きましょう。

1学期の初めの僕・私へ

実はあんまりがんばれなかったよ。目標も守れなかったし。
先生にはしかられてばかりいました。昔のぼくから言われると今のぼくははずかしいです。でも夏休みは遊びます。

❹ 人との接し方を学べるトレーニング

年　組

過去・未来の自分と手紙交換❶

さあこれから新学期（1学期）が始まります。これからの1学期、あなたはどのように学校生活を過ごすでしょうか？　あなたの目標を書きましょう。

僕・私の1学期の目標

1学期にはいろいろなことがあると思います。1学期を終え、夏休み前の未来のあなたに向けて手紙（1学期の終わりの僕・私へ）を書きましょう。

1学期の終わりの僕・私へ

1学期の初めの僕・私より　　　月　日

年　　組 _____

過去・未来の自分と手紙交換❷

1学期が終わろうとしています。もうすぐ夏休みです。1学期の初めに立てた目標と、今のあなたに向けて書いた手紙「1学期の終わりの僕・私へ」を読みましょう。

1学期の初めに立てたあなたの目標はうまくいきましたか？　〇をしましょう。

　　うまくいった　　　　どちらでもない　　　　うまくいかなかった

その理由は？

「1学期の終わりの僕・私へ」の手紙を読んで、その感想を書きましょう。

「1学期の終わりの僕・私へ」を書いた「1学期の初めの僕・私より」へ手紙を書きましょう。

1学期の初めの僕・私へ

年　組 _____

過去・未来の自分と手紙交換❸

さあこれから夏休みが始まります。これからの夏休み、あなたはどのように学校生活を過ごすでしょうか？　あなたの目標を書きましょう。

僕・私の夏休みの目標

夏休みにもいろいろなことがあると思います。夏休みを終え、2学期を迎えた未来のあなたに向けて手紙（2学期の初めの僕・私へ）を書きましょう。

2学期の初めの僕・私へ

夏休みの初めの僕・私 より　　　　　月　　日

　　　　　　　　　　　　　　　　　　年　　組

過去・未来の自分と手紙交換④

夏休みが終わり、2学期が始まりました。夏休みの初めに立てた目標と、今のあなたに向けて書いた手紙「2学期の初めの僕・私へ」を読みましょう。

夏休みの初めに立てたあなたの目標はうまくいきましたか？　〇をしましょう。

　　うまくいった　　　　どちらでもない　　　　うまくいかなかった

その理由は？

「2学期の初めの僕・私へ」の手紙を読んで、その感想を書きましょう。

「2学期の初めの僕・私へ」を書いた「夏休みの初めの僕・私より」へ手紙を書きましょう。

夏休みの初めの僕・私へ

年　組

過去・未来の自分と手紙交換❺

さあこれから新学期（2学期）が始まります。これからの2学期、あなたはどのように学校生活を過ごすでしょうか？　あなたの目標を書きましょう。

僕・私の2学期の目標

2学期にはいろいろなことがあると思います。2学期を終え、冬休み前の未来のあなたに向けて手紙（2学期の終わりの僕・私へ）を書きましょう。

2学期の終わりの僕・私へ

……………………………………………………………………………………
……………………………………………………………………………………
……………………………………………………………………………………
……………………………………………………………………………………
……………………………………………………………………………………

2学期の初めの僕・私 より　　　　　月　　日

年　　組　＿＿＿＿＿＿＿＿＿

過去・未来の自分と手紙交換❻

2学期が終わろうとしています。もうすぐ冬休みです。2学期の初めに立てた目標と、今のあなたに向けて書いた手紙「2学期の終わりの僕・私へ」を読みましょう。

2学期の初めに立てたあなたの目標はうまくいきましたか？ 〇をしましょう。

　　うまくいった　　　　どちらでもない　　　　うまくいかなかった

その理由は？

「2学期の終わりの僕・私へ」の手紙を読んで、その感想を書きましょう。

「2学期の終わりの僕・私へ」を書いた「2学期の初めの僕・私より」へ手紙を書きましょう。

2学期の初めの僕・私へ

年　組 _____

過去・未来の自分と手紙交換 ❼

さあこれから新学期（3学期）が始まります。これからの3学期、あなたはどのように学校生活を過ごすでしょうか？　あなたの目標を書きましょう。

僕・私の3学期の目標

3学期にはいろいろなことがあると思います。3学期を終え、春休み前の未来のあなたに向けて手紙（3学期の終わりの僕・私へ）を書きましょう。

3学期の終わりの僕・私へ

……………………………………………………………………………………………
……………………………………………………………………………………………
……………………………………………………………………………………………
……………………………………………………………………………………………
……………………………………………………………………………………………
……………………………………………………………………………………………

3学期の初めの僕・私 より　　　　月　　日

年　組

過去・未来の自分と手紙交換⑧

3学期が終わろうとしています。もうすぐ春休みです。3学期の初めに立てた目標と、今のあなたに向けて書いた手紙「3学期の終わりの僕・私へ」を読みましょう。

3学期の初めに立てたあなたの目標はうまくいきましたか？　〇をしましょう。

　　うまくいった　　　　　どちらでもない　　　　　うまくいかなかった

その理由は？

「3学期の終わりの僕・私へ」への手紙を読んで、その感想を書きましょう。

「3学期の終わりの僕・私へ」を書いた「3学期の初めの僕・私より」へ手紙を書きましょう。

3学期の初めの僕・私へ

❹ 人との接し方を学べるトレーニング
自分を知ろう（学期ごと山あり谷ありマップ）

● **子どもにつけて欲しい力**
自分のこれまでのさまざまな体験を客観的に見て意味づける力を養います。

● **進め方**
　各学期の終わりに、4月最初からの生活を振り返って、人生山あり谷ありマップを書いていきます。縦軸は上方向によかったこと、下方向に悪かったこと、横軸は時間です。左の原点が1学期の初めで、右端が学期の終わりです。1回目は1学期初め〜1学期終わり、2回目は、1学期初め〜2学期終わり、3回目は、1学期初め〜3学期終わり、の計3回です。いずれも各学期の終わりに書きます。よかったことは山に、悪かったことは谷として描き、山と谷の部分にはいつ、何があったかを書きます。

● **ポイント**
・1回目は1学期間だけを扱いますが、2回目は1・2学期、3回目は、1〜3学期と1年間を扱います。時間が経つにつれて、既に前の学期で描いた山や谷だったことがなくなったり、新たな山、谷が出現することもあります。子どもの心の中である出来事がより重要な意味をもったり、重要でなくなったりすることが視覚的に分かります。
・横軸の目盛りは子どもに自由に取らせます。子どもにとって重要でないところは狭く、重要なところは広く取ってもいいことを伝えてあげましょう。

● **留意点**
・あくまで描く時点での山や谷ですので、それまでのマップに影響されないよう、2回目、3回目に描く際は前回のマップは見せないようにしましょう。
・なかなか描けない場合は、山や谷だけの線を引いてもらい、山や谷の部分を指して「ここは何があったの？」と聞いてみてもいいでしょう。
・過去・未来の自分との手紙交換の内容と見比べてみましょう。

取り組み時間 10分（計3回分）　場所 教室
用意するもの 印刷したワークシート、鉛筆

例

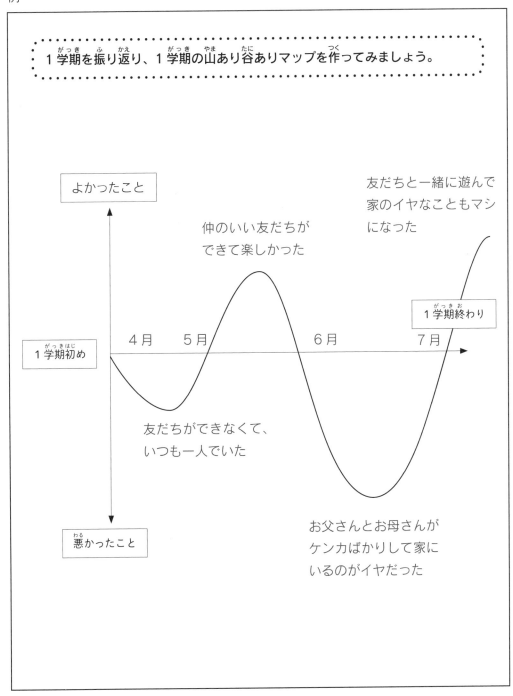

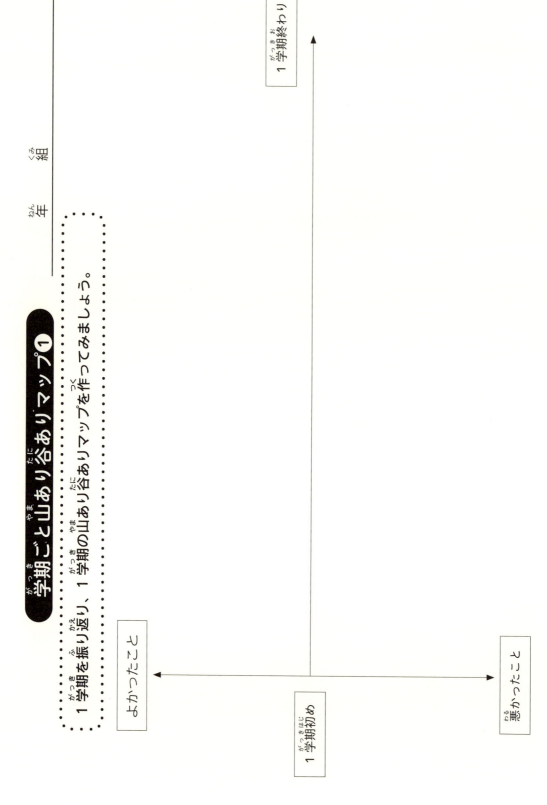

学期ごと山あり谷ありマップ❷

_年___ 組

・2学期を振り返り、1〜2学期の山あり谷ありマップを作ってみましょう

よかったこと

悪かったこと

1学期初め

2学期終わり

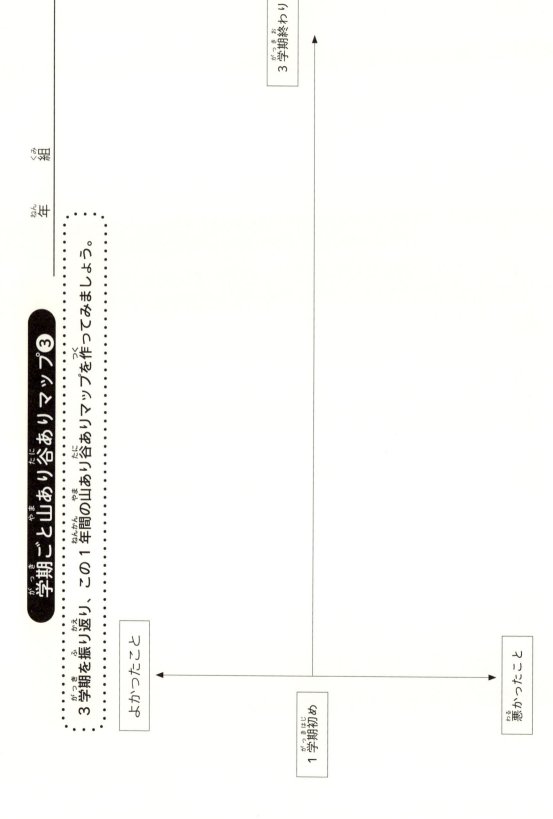

❹ 人との接し方を学べるトレーニング
人にものを頼もう

●**子どもにつけて欲しい力**
　人にものをうまく頼む方法について学びます。

●**進め方**
　ワークシートの場面をみて、うまくいかない場合とうまくいく場合の方法について考えてもらいます。例のシートの左側のケースは上手くいかない場合、右側のケースは上手くいく場合です。書けたらみんなに発表してもらいましょう。

●**ポイント**
・右頁の例では、うまくいかないゆきさんのその他の表情には「怖い、固い、ニヤニヤ」など、態度には「遠くに離れ過ぎている、近づき過ぎている、声が小さ過ぎる、目を見ない」なども考えられます。
・子ども自身が、自分だったら、交換する、交換しないといった基準を考えて書くことで、自分が頼む際の参考にしてもらいましょう。子どもによっていろんな基準がありますので、自分がよくても相手にとってはそれでもいいかも考えてもらいましょう。
・文章で書けても実際にやるとなると、意外とできなかったりしますので、時間が取れれば頼む側、頼まれる側と役を決めてロールプレイで実際に練習してみましょう。

●**留意点**
・右頁の例の、交換したくないゆきさんのやり方のような場合にも、交換してもいいという子どもがいたら、普段から何でも言いなりになっている、いじめに遭っている、なども背景にないか留意しましょう。

| 取り組み時間 | 5分（計2回分） | 場所 | 教室 |

用意するもの　印刷したワークシート、鉛筆

例

図書室であなたは本を読んでいます。ゆきさんはあなたの読んでいる本を読みたいようです。ゆきさんが自分の本と替えて欲しいと言ってきました。あなたならどのような時に交換したくないか、交換してもいいと思うか、下のマスにそって考えましょう。

(ゆきさんの言葉のらんに書きましょう)

嫌だよ

いいよ

	交換したくないゆきさんのやり方	交換してもいいゆきさんのやり方
ゆきさんの言葉は？	私がその本、先に読みたいと思ってたの。だからこの本と直ぐに替えてよ。	今、いい？　お願いがあるのだけど。その本、読み終わってからでいいから、この本と交換してくれる？　この本もとっても面白いよ。
ゆきさんの表情や態度は？	僕・私が本に熱中しているときに、ゆきさんが怒った顔で、いきなり近づいてくる。大声で怒鳴る。	僕・私が本を読んで、一息ついている時に、ゆきさんが笑顔で、ゆっくりと近づいてくる。優しい声で頼んでくる。

❹　人との接し方を学べるトレーニング

年　　組

人にものを頼もう①

図書室であなたは本を読んでいます。ゆきさんはあなたの読んでいる本を読みたいようです。ゆきさんが自分の本と替えて欲しいと言ってきました。あなたならどのような時に交換したくないか、交換してもいいと思うか、下のマスにそって考えましょう。

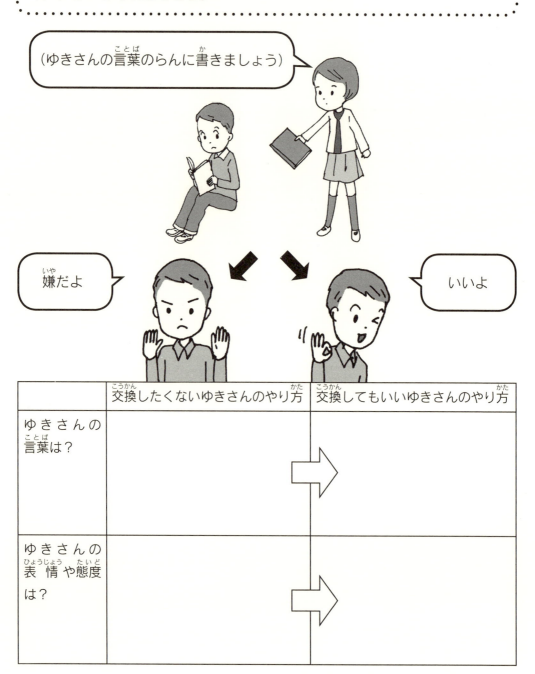

	交換したくないゆきさんのやり方	交換してもいいゆきさんのやり方
ゆきさんの言葉は？		
ゆきさんの表情や態度は？		

年　組 _____

人にものを頼もう❷

まみさんは、筆箱を忘れてきました。そこでまみさんはあなたに鉛筆と消しゴムを貸して欲しいと言ってきました。あなたならどのような時に貸したくないか、貸してもいいと思うか、下のマスにそって考えましょう。

（まみさんの言葉のらんに書きましょう）

嫌だよ　　　　　　　　　　　いいよ

	貸したくないまみさんのやり方	貸してもいいまみさんのやり方
まみさんの言葉は？		
まみさんの表情や態度は？		

❹ 人との接し方を学べるトレーニング
うまく謝ろう・断ろう

●子どもにつけて欲しい力
　人にうまく謝る方法、断る方法について学びます。

●進め方
　ワークシートの場面を見て、うまくいかない場合とうまくいく場合について考えてもらいます。右の例では、上のケースでうまくいかなかった場合を考えてもらってから、ではどうすればうまくいくかを考えて下に書いてもらいましょう。最初の2ケースはうまく謝る場面、後の2ケースはうまく断る場面です。書けたらみんなに発表してもらいましょう。

●ポイント
・人への謝り方・断り方を学ぶ上で、まず不適切な方法について考えることで、それを書いた子どもが、自らが不適切な謝り方・断り方を行ってこなかったか、気づいてもらいましょう。
・次に、では自分ならどう言われたら許すか・受け入れるかを考えてもらうことで、自分が謝る際、断る際に注意すべき点について気づいてもらいましょう。
・右頁の例でのうまくいく謝罪を考える場面で、本当にともこさんが許してくれるかも大切ですが、考えさせること自体に意味があります。色々な案を出して考えてもらいましょう。

●留意点
・「何か物をあげて許してもらう」、「お詫びに〇〇してあげる」など交換条件や「許さないと〇〇する」といった脅しはその場限りの対応となる可能性がありますので、好ましくないでしょう。

| 取り組み時間 | 5分（計4回分） | 場所 | 教室 |

用意するもの 印刷したワークシート、鉛筆

例

年　組 _____

うまく謝ろう、断ろう①

ともこさんの家にゆうかさんが遊びに来る予定で、ずっと待っていたのに来ませんでした。
翌日ゆうかさんが謝りに来ました。でもともこさんは許しませんでした。ゆうかさんはどう言ったのでしょうか？

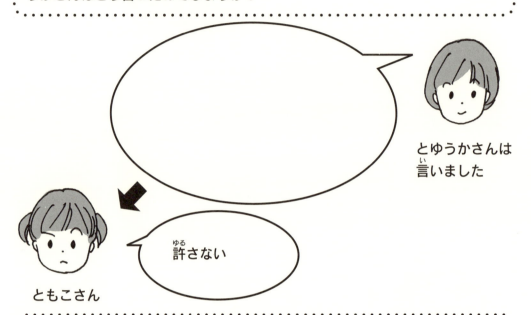

とゆうかさんは言いました

ともこさん：許さない

ではゆうかさんは、どのように謝ればよかったでしょうか？　考えて書きましょう。

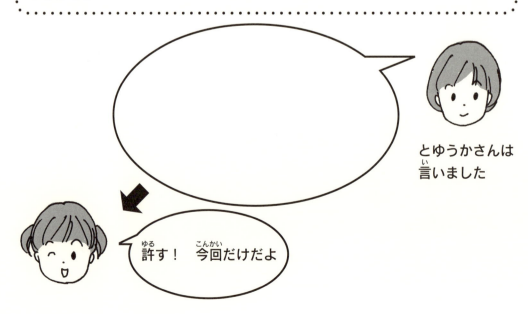

とゆうかさんは言いました

許す！　今回だけだよ

年　組

うまく謝ろう、断ろう❷

けんたくんがうるさいので、みのるくんは「けんたくん、静かにして」と言いました。するとけんたくんは怒ってみのるくんの頭を叩きました。けんたくんは後で謝りましたが、みのるくんは許しませんでした。けんたくんはどう言ったのでしょうか？

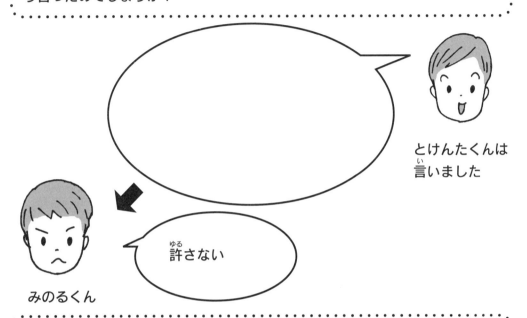

とけんたくんは言いました

みのるくん　　許さない

ではけんたくんは、どのように謝ればよかったでしょうか？　考えて書きましょう。

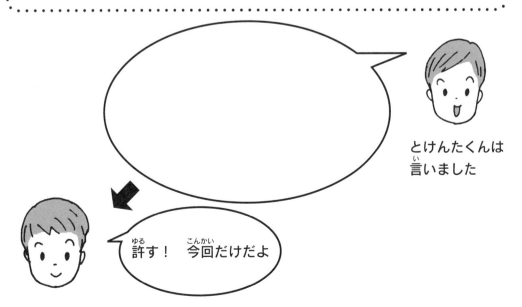

とけんたくんは言いました

許す！　今回だけだよ

年　組

うまく謝ろう、断ろう ❸

ゆりさんはかなさんに、「日曜日に遊ぼう」と誘いました。でもかなさんは、断りました。それを聞いてゆりさんは、「二度と誘わない」という気持ちになりました。いったいかなさんはどう断ったのでしょうか？　想像して書きましょう。

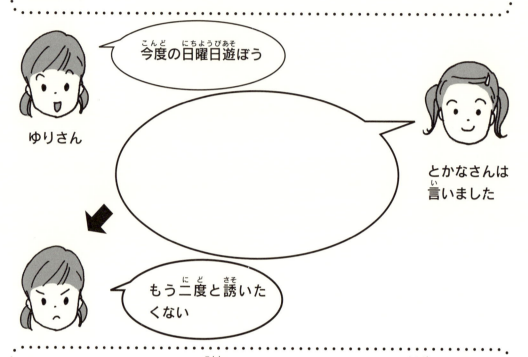

ではかなさんは、どのように断ればよかったでしょうか？　考えて書きましょう。

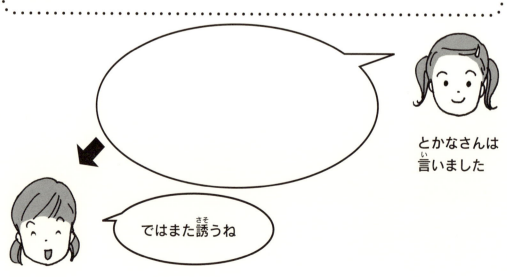

うまく謝ろう、断ろう ❹

わたるくんはゆうきくんに、「放課後サッカーしよう」と誘いました。でもゆうきくんは、断りました。それを聞いてわたるくんは、「二度と誘わない」という気持ちになりました。いったいゆうきくんはどう断ったのでしょうか？　想像して書きましょう。

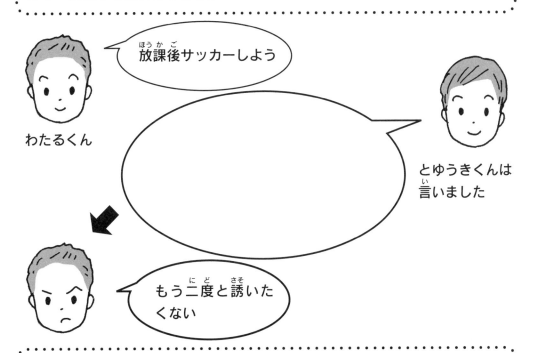

ではゆうきくんは、どのように断ればよかったでしょうか？　考えて書きましょう。

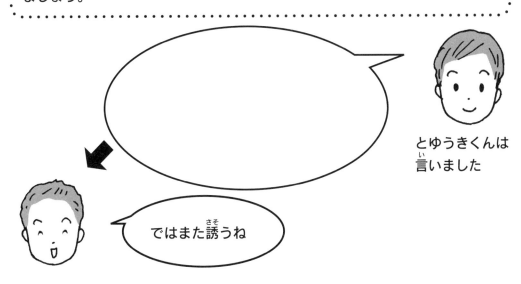

⑤ 問題をうまく解決できるトレーニング

　何かの問題が生じた際の解決へのアプローチとして以下の4つのものがあります（Shure, 2001）。以下は弟が兄の大切にしていた玩具を壊し兄弟喧嘩になり、喧嘩を止めさせようと親が兄に次の4つのアプローチで提案している場面です。

- **強制的なアプローチ**
　「喧嘩は止めなさい、何度も言わせないで」
- **提案するアプローチ**
　「お兄ちゃんだから我慢しようね」
- **理解させるアプローチ**
　「弟はまだ小さいから仕方ないよ。ワザとじゃないよ」
- **問題解決型アプローチ**
　「これからどうやったら弟に玩具を壊されないか一緒に考えてみよう」

　この章で扱う「問題をうまく解決できるトレーニング」は最後のアプローチのように解決案を共に考える方法をもとにしています。私たちは日常生活において問題を解決する作業を数多く行っています。簡単な問題であれば瞬時に判断できますので、問題解決を行っていることにも気づかないこともあります。一方、対人関係が絡んだ問題は解決に時間と困難さを伴います。

　何かの問題が生じた時、幾つかの解決案を計画し、次にその中からどの解決案が最も上手くいくかを考え、選択し、実行します。そしてその結果をみてうまくいけばそのまま続け、失敗すれば違う解決案を選び直します。フィードバックを含めたこの一連の流れが問題解決法の手順（右上図）ですが、思考が柔軟でないといい解決案（次頁の図での「計画する」）が少ししか出てきません。少ししか出てこないと最適な解決案かどうか分かりませんし、過去に失敗していても同じ間違いをしてしまうことにつながります。

　この章では、より柔軟な解決案が出せることを目指したトレーニングを行っていきます。以下の3つのトレーニングからなります。

- **あなたならどうする？　結果が決まっているケース**
- **あなたならどうする？　結果が決まっていないケース**
- **次からどうする？**

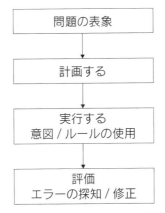

（問題解決手順　Zelazo, 1997）

あなたならどうする？　結果が決まっているケース

　ワークシートに困った場面を含んだ短い物語（①〜⑥）があります。話は途中で切れ、時間が経過すると問題が解決しています。いったい何が起きてどう解決されたのかを考えることで問題解決の力をつけていきます。ここのケースでは問題の結果が最初から定めてあります。

あなたならどうする？　結果が決まっていないケース

　ワークシートに困った場面を含んだ短いイラスト⑦や物語⑧〜⑩があります。設問にそって、「何が起きているのか？」「登場人物はどんな気持ちになっているのか？」「どうなればいいか？」「どうやって解決したらいいか？」「その解決案を選ぶとどうなるか？」「どの方法を選ぶか？」について考えていきます。「結果が決まっているケース」と最も異なるところは、結果（「どうなればいいか？」）が決まっていないところです。ここのケースでは問題解決のための目標（結果）を設定します。

次からどうする？

　問題への解決案を考える際に、メリット、デメリットの観点で考えていく練習をします。問題解決する際の目標はさまざまですが必ずしも適切なものではないかもしれません。それぞれの解決案のメリット、デメリットを考えさせることで、より適切な解決案が選べるよう促し、そして同様なことがあった際に次からどうするかをも考えさせます。

Shure, M. B., (2001). *Raising a Thinking Preteen: The "I Can Problem Solve" Program for 8-12 Year-Olds*, New York, Henry Holt and Company.
Zelazo, P.D., Carter, A., Reznick, J.S., & Frye, D. (1997). Early development of executive function: A problems solving framework. *Review of General Psychology, 1, 2*, 198-226.

❺ 問題をうまく解決できるトレーニング

あなたならどうする？
結果が決まっているケース

●子どもにつけて欲しい力

　困ったことに直面した際に、自分の力で考えて解決できる問題解決力を養います。ここでは、うまく解決できた例をもとに、その経過の部分を考えます。

●進め方

　ワークシートに困った場面を含んだ短い物語があります。そして話は途中で切れ、時間が経過すると（「……」の部分）、問題が解決しています。「……」の部分にはいったいどのようなことが起こり、問題が解決したのかを考えてもらい、〈考えてみよう〉の欄に話を書かせて物語を完成してもらいます。時間を要しますので、例えば朝の会で考えてもらい、終わりの会で発表してもらうなど、2回に分けるといいでしょう。

●ポイント

・問題を解決するまでにさまざまな過程があります。より現実的な問題解決の目安として、解決案、時間（時間の経過が考慮されている）、障害（直ぐにはうまくいかないことも考慮されている）の3つがまんべんなく含まれることとされます。
・したがって、どんな方法を使うか以外に、どのくらい時間がかかるか、解決までにどんな障害があるかなども考える必要があります。〈考えてみよう〉では、より現実的でいろいろな可能性が含まれた文章が書けることを目指します。

●留意点

・偶然的に解決したという文章（例えば、梅子さんに突然いいことがあって、急に機嫌がよくなりました、など）では問題を自ら解決したことにはなりませんので、できるだけ避けるよう伝えましょう。
・2人とも誕生会に来たものの「時間をずらして来てもらった」「それぞれ別の部屋にいてもらった」なども解決案の1つとしては考えられます。解決案としては適切ではないですが、柔軟にいろいろな考え方を出せたことは評価してあげましょう。

| 取り組み時間 | 10分（朝の会の5分で考え、終わりの会の5分で発表）（計6回分） |
| 場所 | 教室 | 用意するもの | 印刷したワークシート、鉛筆 |

例

> わたしは困っています。

来週の土曜日はわたしの誕生日です。
わたし　　：「なぜ花子さんをわたしの誕生日パーティーに呼んだらだめなの？」
梅子さん　：「だってきらいなんだもん、パーティーを台無しにするし……」
わたし　　：「でも花子さんもわたしの友だちだから、呼ばなかったら悲しい」
梅子さん　：「もし花子さんを呼んだら、わたしは誕生日パーティーに行かない」
わたしは花子さんと梅子さんの二人ともに来てほしいと思いました。
　（時間が流れます）

………………………………………………………………………………………………

二人とも誕生日パーティーに来て楽しく過ごしました。

―― 考えてみよう ――

「……」にはいったいどんなことがあったでしょうか？　短い話を作ってみましょう。
私は、梅子さんと花子さんの両方の友だちである松子さんにわけを話し、二人が仲直りするよう頼んでみました。すると松子さんは梅子さんに、"花子さんはいい子で、実は梅子さんのことが好きなのだよ"と話してくれました。最初、梅子さんは疑っていましたが、松子さんがもう一度話すと梅子さんは分かってくれて、機嫌がよくなって、私に"花子さんが来てもいいよ"と言ってくれました。

年　　組

あなたならどうする？　物語❶

> わたしは困っています。

わたし　　　梅子さん　　　花子さん

来週の土曜日はわたしの誕生日です。
わたし　：「なぜ花子さんをわたしの誕生日パーティーに呼んだらだめなの？」
梅子さん：「だってきらいなんだもん、パーティーを台無しにするし……」
わたし　：「でも花子さんもわたしの友だちだから、呼ばなかったら悲しい」
梅子さん：「もし花子さんを呼んだら、わたしは誕生日パーティーに行かない」
わたしは花子さんと梅子さんの二人ともに来てほしいと思いました。
　（時間が流れます）

二人とも誕生日パーティーに来て楽しく過ごしました。

―― 考えてみよう ――

「……」にはいったいどんなことがあったでしょうか？　短い話を作ってみましょう。

年　組

あなたならどうする？　物語❷

・たろうくんは困っています。

たろうくん

　たろうくんは算数の授業で先生の言っている意味がさっぱりわかりません。
ドリルの答えを見てもわかりません。このままでは明日のテストはゼロ点です。
みんなはすらすら解けているので、友だちにも先生にも聞きにくいです。
放課後は友だちとゲームをする約束をしています。
明日は休みたい気持ちです。
　（時間が流れます）

翌日、たろうくんはテストで80点とれました。

考えてみよう

「……」にはいったいどんなことがあったでしょうか？　短い話を作ってみましょう。

年　　組

あなたならどうする？　物語❸

あなたは困っています。

あなたはみんなが集まって何か楽しそうに話し合っているのを見つけます。今週末、よう子さんの家でパーティーをするらしいです。一月前、よう子さんはみんなに招待状を配ったそうですが、あなたは受け取っていません。
あなたはとてもそのパーティーに行きたいと思いました。
　　（時間が流れます）

・・・

週末、あなたはパーティーで楽しく過ごしています。

考えてみよう

「……」にはいったいどんなことがあったでしょうか？　短い話を作ってみましょう。

年　　組 _____

あなたならどうする？　物語④

> お兄さんは困っています。

弟と妹がケンカしています。ゲームの取り合いです。
弟がゲームしているところを妹がいきなり奪ったようです。
妹に聞くと、弟は1時間もひとり占めしているそうです。
30分ずつ交代する約束でした。
弟は「今はいいとこだからあと少し待って」と言っています。
お兄さんは弟にこう言いました。
　（時間が流れます）

二人のケンカはおさまりました。

考えてみよう

「……」にはいったいどんなことがあったでしょうか？　短い話を作ってみましょう。

年　組 _____

あなたならどうする？　物語❺

> ひろみさんは怒っています。

ひろみさんとまりさんは映画に行く予定でした。ひろみさんがまりさんの家にいくと、まりさんはまだ用意ができていませんでした。
二人は映画館におくれて着いたため、映画の最初が見られませんでした。
映画が終わり映画館を出ましたが、ひろみさんはまりさんにとても怒っていて、一言も話しません。
　（時間が流れます）

....

ひろみさんとまりさんは「また一緒に映画に行こうね」と約束し仲良く家に帰りました。

考えてみよう

「……」にはいったいどんなことがあったでしょうか？　短い話を作ってみましょう。

年　　組 _____

あなたならどうする？　物語❻

> あなたは困っています。

たくやくん　　あなた　　さとしくん

あなたとたくやくんは新学期に同じクラスになり仲良しになりました。放課後も二人でよく遊びました。そこにさとしくんが同じクラスに転校してきました。たくやくんはさとしくんとも仲良くなりました。授業が始まる前、さとしくんはあなたにこう言いました。
「昨日たくやくんが君と遊ぶの、もうあきたって言ってたよ」
そういえば最近たくやくんは、あなたに「塾が忙しくて一緒に遊ぶ時間がないよ」と言っていました。
　（時間が流れます）

………………………………………………………………………………………………

あなたとたくやくん、さとしくんの三人はとても仲良しになり、三人で一緒に遊ぶようになりました。

考えてみよう

「……」にはいったいどんなことがあったでしょうか？　短い話を作ってみましょう。

❺ 問題をうまく解決できるトレーニング

あなたならどうする？
結果が決まっていないケース

● **子どもにつけて欲しい力**

困ったことに直面した際に、自分の力で考えて解決できる問題解決力を養います。ここでは結末が決まっていない例について、解決策とその予想される結果まで考え、最適な解決策を考えます。

● **進め方**

ワークシートに困った場面を含んだ短い物語やイラストがあります。下の問いにそって（　　　）を埋めていきましょう。時間を要しますので、例えば朝の会で考えてもらい、終わりの会で発表してもらうなど、2回に分けるといいでしょう。

● **ポイント**

・いかに思考を柔軟にして、問題解決のために多くの解決策を出せるかが大切です。ですので、最初から正解を求めようとするのではなく、思いついた順から解決策を書いてもらいましょう。

・問題の解決案は子どもによって様々です。非現実的な方法や非道徳的な方法が出てきても、そこは1つの案として挙げてもらい、果たしてそれでうまくいくのかを考えさせましょう。現実的な解決策か、本当にそれでうまく解決するのか、ズルくない方法か、等が解決策の目安となります。

・このトレーニングで"困ったことがあったら1人で抱えこまず誰かに相談してみること"や"相手にして欲しいことがあった場合、直接頼む以外にも根回しという方法がある"といったことを知ってもらいましょう。

● **留意点**

・不適切な解決案が出てきても、決してそれらを否定しないことが大切です。不適切な解決案でもあくまで1つの案であり、解決案自体を否定すると自由に発想することを妨げ、思考を固くしてしまう恐れがあります。それをすればどうなるかを考えさせればいいのです。

| 取り組み時間 | 10分（朝の会の5分で考え、終わりの会の5分で発表）（計4回分） |
| 場所 | 教室 | 用意するもの | 印刷したワークシートと鉛筆 |

例

下の絵を見て、下の問いを考えてみましょう。

ゆりさん　　　ともひろくん　　　あゆむくん

何が起きているでしょうか？（ともひろくんの背中に「ばか」とはり紙がされて、同級生に笑われている）

それぞれどんな気持ちになっているでしょうか？
　　　　　ゆりさん　　　　　　ともひろくん　　　　　あゆむくん
（　　面白い　　）（　　悲しい　　）（　　面白い　　）

どうなったらいいでしょうか？（　二度とはり紙されない　）

どうやって解決したらいいでしょうか？　　どうなるでしょうか？
1.（自分ではがしてがまんする　　）➡（またはられる　　　　　　）
2.（先生に相談する　　　　　　　）➡（仕返しされるかもしれない）
3.（友達に相談する　　　　　　　）➡（いいアイデアをくれそう　）
4.（はった相手に止めろと言う　　）➡（知らないと言われる　　　）
5.（はった相手に仕返しをする　　）➡（なぐられる　　　　　　　）

あなたは、どの方法を選びますか？（　3　）
それを選んだ理由は？（友だちから止めるように頼んでもらえそうだから）

❺ 問題をうまく解決できるトレーニング

　　　　　　　　　　　　　　年　　組
　　　　　　　　　　　　　　＿＿＿＿＿＿＿＿＿＿＿＿＿＿

　　　　　　あなたならどうする？　物語❼

・下の絵を見て、下の問いを考えてみましょう。

ゆりさん　　ともひろくん　　あゆむくん

何が起きているでしょうか？（　　　　　　　　　　　　　　）

それぞれどんな気持ちになっているでしょうか？
　　　ゆりさん　　　　　ともひろくん　　　　　あゆむくん
（　　　　　　　）（　　　　　　　　）（　　　　　　　　）

どうなったらいいでしょうか？（　　　　　　　　　　　　　）

どうやって解決したらいいでしょうか？　　どうなるでしょうか？
1.（　　　　　　　　　　　）➡（　　　　　　　　　　　　）
2.（　　　　　　　　　　　）➡（　　　　　　　　　　　　）
3.（　　　　　　　　　　　）➡（　　　　　　　　　　　　）
4.（　　　　　　　　　　　）➡（　　　　　　　　　　　　）
5.（　　　　　　　　　　　）➡（　　　　　　　　　　　　）

あなたは、どの方法を選びますか？（　　　　　　　）
それを選んだ理由は？（　　　　　　　　　　　　　　　　）

年　　　組

あなたならどうする？　物語❽

下の絵を見て、下の問いを考えてみましょう。

まりなさん

まりなさんは学校へ行く途中、体操服を忘れたことに気がつきました。
このまま忘れていくとまた怒られそうです。
家に取りに戻ると遅刻する時間です。
遅刻したらまた怒られます。まりなさんは携帯電話もお金ももっていません。
立ち止まって考えていたら５分もたってしまいました。

何が起きているでしょうか？（　　　　　　　　　　　　　　　　）

まりなさんはどんな気持ちになっているでしょうか？
（　　　　　　　　　　　　　　　　　）

どうなったらいいでしょうか？（　　　　　　　　　　　　　　）

どうやって解決したらいいでしょうか？　　　どうなるでしょうか？
1.（　　　　　　　　　　）➡（　　　　　　　　　　　）
2.（　　　　　　　　　　）➡（　　　　　　　　　　　）
3.（　　　　　　　　　　）➡（　　　　　　　　　　　）
4.（　　　　　　　　　　）➡（　　　　　　　　　　　）
5.（　　　　　　　　　　）➡（　　　　　　　　　　　）

あなたは、どの方法を選びますか？（　　　　　　）
それを選んだ理由は？（　　　　　　　　　　　　　）

年　　組

あなたならどうする？　物語❾

> 下の絵を見て、下の問いを考えてみましょう。

てつやくんはあるグループ仲間に入れて欲しいと思っていました。グループのリーダーのけんじくんは、てつやくんに言いました。「グループに入りたければ、店でおかしを盗んでこい」
てつやくんはいつも一人で孤独だったので、グループのメンバーになりたいと思いました。

何が起きているでしょうか？（　　　　　　　　　　　　　　　　）

それぞれどんな気持ちになっているでしょうか？
　　　　　てつやくん　　　　　　　　　　けんじくん
（　　　　　　　　　　　）（　　　　　　　　　　　　　　）

どうなったらいいでしょうか？（　　　　　　　　　　　　　　　）

どうやって解決したらいいでしょうか？　　どうなるでしょうか？
1. （　　　　　　　　　　　）➡（　　　　　　　　　　　　）
2. （　　　　　　　　　　　）➡（　　　　　　　　　　　　）
3. （　　　　　　　　　　　）➡（　　　　　　　　　　　　）
4. （　　　　　　　　　　　）➡（　　　　　　　　　　　　）
5. （　　　　　　　　　　　）➡（　　　　　　　　　　　　）

あなたは、どの方法を選びますか？　（　　　　　　　）
それを選んだ理由は？（　　　　　　　　　　　　　　　　　）

年　　組 _____

あなたならどうする？　物語⓾

下の絵を見て、下の問いを考えてみましょう。

わたし　　　　友だち

休み時間、友だちがわたしにあめをくれました。あめは学校に持ってきてはいけません。3人の友だちはあめをなめ始めました。先生にばれたら怒られそうです。わたしだけなめないと、仲間外れにされそうです。でもわたしはなめずにポケットにしまいました。
「なんでなめないの？」と友だちに聞かれました。少し怒っている感じです。

何が起きているでしょうか？（　　　　　　　　　　　　　　　　）

それぞれどんな気持ちになっているでしょうか？
　　　　　わたし　　　　　　　　　　　　友だち
（　　　　　　　　　　　）（　　　　　　　　　　　　　　　　）

どうなったらいいでしょうか？（　　　　　　　　　　　　　　　）

どうやって解決したらいいでしょうか？　　どうなるでしょうか？
1.（　　　　　　　　　　）➡（　　　　　　　　　　　　）
2.（　　　　　　　　　　）➡（　　　　　　　　　　　　）
3.（　　　　　　　　　　）➡（　　　　　　　　　　　　）
4.（　　　　　　　　　　）➡（　　　　　　　　　　　　）
5.（　　　　　　　　　　）➡（　　　　　　　　　　　　）

あなたは、どの方法を選びますか？　（　　　　　　　）
それを選んだ理由は？（　　　　　　　　　　　　　　　　）

❺ 問題をうまく解決できるトレーニング
次からどうする？

●**子どもにつけて欲しい力**
　実際に起こり得る困った問題に直面した際に解決する力を養います。ここでは適切な解決策を選ぶことを促し、そして次からはどうするかを考える練習をします。

●**進め方**
　ワークシートの上段に困ったケースを示します。そこで下の（　）内の質問を考えながら解答を書いていきましょう。中段はやってよかったこと、悪かったことについて、下段に次からどうするかについて、自分にも当てはめながら考えていきます。

●**ポイント**
・ある行動をすることで、その本人にとってよかったこと（メリット）、悪かったこと（デメリット）があります。ここでは相手の気持ちを考えるだけでは適切な行動（解決策）をとれない場合に、それをするのが得か損かを考えさせて、本人にその後の行動を決めさせることを目的としています。

●**留意点**
・不適切な行動をとって、よかったことがあるかと戸惑われることもありますが、ある行動をとることで本人にとってよい結果になれば、その行動は強化されます。本人にとってメリットがあるからです。しかし本人にとってよい結果は、必ずしも皆にとって適切な行動とは限りません。逆に本人にとって悪い結果になれば、その不適切な行動は次第に減ってくるでしょう。
・ある不適切な行動をすることで、よかったこと（メリット）の方が強ければその不適切な行動を修正できなくなりますので、その不適切な行動によって生じる悪かったこと（デメリット）を少しでも強める考え方を探してもらいましょう。

| 取り組み時間 | 10分（朝の会の5分で考え、終わりの会の5分で発表）（計4回分） |
| 場所 | 教室 | 用意するもの | 印刷したワークシートと鉛筆 |

例

> あきらくんは勉強が分からず、つまらなくなったので授業中に前の席のゆうたくんに話しかけたり、消しゴムを投げたりと、いたずらをして遊んでいます。下の質問を考えて答えましょう。

ゆうたくん　　　　　あきらくん

いたずらをされるゆうたくんの気持ちを考えて書きましょう。

いつもちょっかいかけてきて勉強の邪魔だなあ……。

ゆうたくんのとなりの席の友だちの気持ちを考えて書きましょう。

あきらはいつもいたずらしてるな。もう一緒に遊びたくないな。

あきらくんがゆうたくんにいたずらをすることでよかったことはなんでしょうか？

暇つぶしになる。

あきらくんがゆうたくんにいたずらをすることで悪かったことはなんでしょうか？

みんなから嫌われる。

あきらくんは次からどうしたらいいでしょうか？ 自分にも当てはめて考えてみましょう。

勉強が分からなくても、他の子の邪魔をしない。後で先生に教えてもらう。授業が終わってから友だちに聞く。

❺ 問題をうまく解決できるトレーニング

年　組

次からどうする？❶

あきらくんは勉強が分からず、つまらなくなったので授業中に前の席のゆうたくんに話しかけたり、消しゴムを投げたりと、いたずらをして遊んでいます。下の質問を考えて答えましょう。

ゆうたくん　　　　　　　　　あきらくん

いたずらをされるゆうたくんの気持ちを考えて書きましょう。	ゆうたくんのとなりの席の友だちの気持ちを考えて書きましょう。

あきらくんがゆうたくんにいたずらをすることでよかったことはなんでしょうか？	あきらくんがゆうたくんにいたずらをすることで悪かったことはなんでしょうか？

あきらくんは次からどうしたらいいでしょうか？　自分にも当てはめて考えてみましょう。

年　　組

次からどうする？❷

つとむくんはいじめっ子に万引きしてくるように言われて、万引きをしてしまいました。下の質問を考えて答えましょう。

つとむくん

大事なものを盗まれたお店の人の気持ちを考えて書きましょう。

つとむくんのお父さん・お母さんの気持ちを考えて書きましょう。

つとむくんが万引きをすることでよかったことはなんでしょうか？

つとむくんが万引きをすることで悪かったことはなんでしょうか？

つとむくんは次からどうしたらいいでしょうか？　自分にも当てはめて考えてみましょう。

年　　　組

次からどうする？ ❸

わたしはゆみこさんとみなこさんと友だちです。ゆみこさんはみなこさんのことがきらいで無視をすることにしました。ゆみこさんはわたしに、みなこさんの悪口を言ってきて、わたしもみなこさんを無視することにしました。下の質問を考えて答えましょう。

みなこさん

ゆみこさん　わたし

無視されたみなこさんの気持ちを考えて書きましょう。

泣いているみなこさんを見たお父さん・お母さんの気持ちを考えて書きましょう。

わたしがみなこさんを無視することでよかったことはなんでしょうか？

わたしがみなこさんを無視することで悪かったことはなんでしょうか？

わたしは次からどうしたらいいでしょうか？　自分にも当てはめて考えてみましょう。

年　　　組

次からどうする？❹

けいたくんは勉強がきらいです。家に帰ってゲームをしていましたが、お母さんが「ゲームは宿題が終わってからにしなさい」としかり、ゲームを取り上げました。けいたくんは怒って「うるさい、うざい」と言ってお母さんを叩きました。下の質問を考えて答えましょう。

けいたくん　　お母さん

しかったお母さんの気持ちを考えて書きましょう。	自分の子どもから叩かれたお母さんの気持ちを考えて書きましょう。

けいたくんがお母さんを叩くことでよかったことはなんでしょうか？	けいたくんがお母さんを叩くことで悪かったことはなんでしょうか？

けいたくんは次からどうしたらいいでしょうか？　自分にも当てはめて考えてみましょう。

⑥ 身体をうまく使うトレーニング

　子どもたちが身体をうまく使うためには、円滑な協調運動、適度な固有感覚と筋力調整の力、さらにこれらに加えて注意・集中力、動作の予測や記憶力などの認知機能も必要です。不器用さをもつ子どもたちにとっては、それらの機能の充実・改善がよりいっそう重要になってきます。この章では身体面への働きかけとして、作業療法分野と精神医学分野の視点から作られた認知作業トレーニング（Cognitive Occupational Training: COGOT）の理論を適応し、ターゲットを次の3つに分類しました。

- ・指先の器用さをトレーニングする……………「指先を使おう」
- ・身体を使って注意・集中力を向上させる……「集中しよう」
- ・人と自分の身体の関係を知る…………………「動きを伝えよう」

　ここではこの3つにCOGOTのプログラムの理論を用い、教室で短時間で習得できるようアレンジしています。
　COGOTは協調運動、固有感覚、筋力調整、注意・集中力、動作の予測、記憶力などさまざま身体機能・認知機能に対応させたトレーニングモジュールを組み合わせた体系的プログラムです。COGOTの特徴は、指導者が一方的に介入指導するプログラムとは違って、援助者が対象者の認知機能にも働きかけ、結果に対して適切なフィードバックを行っていく点です。さらに対象者自身がその運動の目的を理解し、次から上手く遂行するにはどうすればいいか、失敗したらどこが悪かったのかを考えることを援助していきます。

指先を使おう

　「綿棒積み」、「わっか作り」、「色紙ちぎり」、「ボール積み」の4つのトレーニングからなります。ここでのトレーニングは綿棒、綴り紐、色紙、テニスボールを順に使用しながら、指先の器用さといった微細な協調運動力を高めることを目的とします。さらに時間管理が必要なゲーム的要素を取り入れることで動機づけを行い、指先がうまく使えることだけでなく、チームワークや時間に注意を向けることを目的としています。

集中しよう

「おちたおちた」と「船長さんの命令で」の2つからなります。両方とも目と耳からの情報をもとに身体を素早く正確に動かしたり、身体の動きを止めたりします。ゲーム形式で行うことで楽しく注意・集中力を高めることを目的としています。

動きを伝えよう

「真似をしよう」と「相手に伝えよう」の2つからなります。ここでは身体を使った作業を効率よく行うための基礎力をつけることを目標としています。まず相手の身体の姿位や動作をよく注意して観察し、その姿位や動きを真似たり記憶したりする方法を学ぶ「真似をしよう」から始め、次に、その真似たり記憶した身体の姿位を相手と伝え合うことで身体部位の働きや使い方を観察し表現することを学ぶ「相手に伝えよう」の順で行います。身体を使った作業や仕事を身に付けることに役立つだけでなく、物事を正確に分かりやすく伝える力も同時に養います。

なお、さらに総合的に不器用さ改善のためのトレーニングを深めたい場合には「不器用な子どもたちへの認知作業トレーニング」（宮口ほか、2014、三輪書店）をご併用ください。

❻ 身体をうまく使うトレーニング
指先を使おう（綿棒積み）

●子どもに身につけて欲しい力

時間に注意を向けながら指先をうまく使う力をつけます。また友だちと協力して周りの進み具合を見ながら、途中で止める決断力も養います。

主な活動	指導のコツ
①隣の席同士でペアを作らせたら、前列から綿棒のセットを配っていきます。 ②ペアの間の机の上に綿棒を交替で一本ずつ使って「井」の形に高く積み上げていくことを伝え、縦の筋の中で90秒間で最も高く積み上げたペアを優勝とします。はじめに教師が例を示し、少し練習時間を設けましょう。 ③積み方が分かれば、「よーい、はじめ」の声でスタートさせます。	○50本程度を目安に輪ゴムで束ねておくと配りやすいです。 ○積み方が分からないままの子どもも出てくるので、一度練習してみるといいでしょう。分かりにくければ、太鼓のバチなどを使って示すとよいでしょう。
③スタート後、15秒毎に時間を告げ教室を回ります。途中、「周りがどのくらい積んでいるか見てね」「崩れそうだったらそこで止めることも大切です」と、声を掛けつつ、最後10秒間はカウントダウンをします。	○より高く積むことは大切ですが、積み上げ過ぎると崩れます。そこで周囲を観察するように呼びかけながら進めましょう。
④「終了！」の声で、手を離します。井形の塔が何本からなっているか、その数を数えさせます。 ⑤順番に本数を聞いていき、縦の筋の中で一番高く積んだペアを優勝とします。優勝ペアには縦の筋ごとに皆で拍手します。	○綿棒の本数を数えるには、井形を一旦崩させて、何本から作られていたかを数えさせるとよいでしょう。 ○終了後は綿棒を同じ方向に輪ゴムで束ねさせ回収しましょう。

| 取り組み時間 | 5分（計4回分） | 場所 | 教室 |

用意するもの　綿棒（1ペア50本程度）、ストップウォッチ

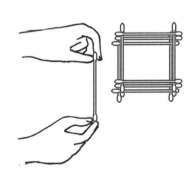

図　綿棒積み（2人1ペアの場合のイメージ）
周りを観察しながら積んでいきましょう。

●ワンポイント・アドバイス

・均等な木製ブロック（2〜3cm立方）を一段に高く積み上げることで、綿棒の代わりとして使用できます。
・他のペアの高さを観察できるように、机の配置などを工夫しましょう。
・2人ペア以外にも、3〜6名程度のチームや班対抗で競争してもいいでしょう。

❻ 身体をうまく使うトレーニング
指先を使おう（わっか作り）

●**子どもに身につけて欲しい力**

　時間に注意を向けながら指先をうまく使う力をつけます。また友だちと協力して残り時間を考慮しながら計画を立て、途中で行動を変える決断力も養います。

主な活動	指導のコツ
①隣の席同士でペアを作らせたら、前列から綴り紐のセットを配っていきます。	○綴り紐20本程度を目安に束ねておくと配りやすいです。
②ペアで協力して綴り紐を使って片蝶々結びでわっかを作り、鎖状に繋げていき、2分経った時点で一番長くなったペアを勝ちとします。はじめに教師が例を示し、少し練習時間を設けましょう。	○片蝶々結びが分からない子どもがいれば、事前に練習してみるといいでしょう。
③わっかは、ペアで交互に繋げていっても、別々に作って最後に繋ぎ合わせてもどちらでもいいことを伝え、「よーい、はじめ」の声でスタートさせます。	○より長く繋ぐことが大切ですが、焦ると途中で切れてしまいます。そこで周囲を観察するように呼びかけながら進めましょう。
③スタート後、15秒毎に時間を告げ教室を回ります。途中、他のペアの長さを確認すること、別々にわっかを作っているペアには残り時間に気をつけることを伝え、最後10秒間はカウントダウンをします。	○別々に作っている場合はわっかを途中で繋げるタイミングが大切です。終了の何秒前に繋ぎ合わせるかは子どもたちの決断力にかかっていますが、教師は敢えて指示しないように配慮しましょう。
④「終了！」の声で、手を離し、わっかを机の上に伸ばして置きます。	○そっと置かないと途中で解けることもあります。
⑤一番長くわっかを繋いだペアを優勝とします。優勝ペアには縦の筋ごとに皆で拍手します。	○終了後はわっかを解いて紐を伸ばして束ねさせ回収しましょう。

| 取り組み時間 | 5分（計4回分） | 場所 | 教室 |

用意するもの　綴り紐（1ペア20本程度）、ストップウォッチ

イメージ

図　わっかの作り方

図　わっか作り（2人1ペアの場合）
周りを観察しながら繋いでいきましょう。

●ワンポイント・アドバイス
・小学低学年の子どもに片蝶々結びが難しい場合は、中学年以降での実施がお勧めです。
・他のペアの長さを観察できるように机の配置などを工夫しましょう。
・綴り紐でなくとも、同様の紐があれば代用可能です。
・わっかは緩く結ぶと長さを計る際に解けることがあるので、強めに結んでもらいましょう。
・わっかを長くするには出来るだけ紐の端を結ぶことが大切ですが、結ぶのが難しくなります。

❻ 身体をうまく使うトレーニング
指先を使おう（色紙ちぎり）

●子どもに身につけて欲しい力

　時間に注意を向けながら指先をうまく使う力をつけます。また周りの子たちの進み具合を見ながら、途中で止める判断力も養います。

主な活動	指導のコツ
①前後で4人くらいのグループを作ります。そして色紙を1人1枚ずつ配ります。	○紙質に差が出ないように金、銀色以外の色にしましょう。
②各自が途中で切れないように、できるだけ長く一つなぎにちぎっていくことを伝えます。グループの中で90秒間で最も長くちぎった人が優勝です。	○途中でちぎれないように一つなぎにすることが分からない子どもも出てくるので、教師が一度例を見せてみましょう。
③ルールが分かれば、「よーい、はじめ」の声でスタートさせます。	
④スタート後、15秒毎に時間を告げ教室を回ります。途中、「周りがどのくらい長くちぎっているか見てね」「途中で切れないように慎重にちぎることが大切です」と、声を掛けつつ、最後10秒間はカウントダウンをします。	○より長くちぎることは大切ですが、焦ると途中で切れてしまいます。そこで周囲を観察するように呼びかけながら進めましょう。
⑤「終了！」の声で、手を離します。色紙がどのくらい長くちぎれているか、その長さをグループ内で比べます。	○色紙の長さを測るには、色紙の一端を手にもって、みんなで手の位置を合わせ、他端を伸ばして比べれば分かりやすいです。
⑥最も長くちぎった子どもを優勝とします。優勝者にはグループごとに皆で拍手します。	○終了後はできるだけちぎる前の元の形に戻させて回収しましょう。

> **取り組み時間** 5分（計4回分）　**場所** 教室
> **用意するもの** 色紙（1人1枚）、はさみ、ストップウォッチ

図　色紙のちぎり方

図　グループで色紙ちぎり
周りを観察しながらちぎっていきましょう。

●ワンポイント・アドバイス
・色紙をちぎる方向も考えてもらいましょう。上下にちぎっていく方法、渦巻き状にちぎっていく方向、ランダムにちぎっていく方法などがあります。どの方向がいいか試してもらいましょう。
・長さ比べはグループごとに比べ、次にグループで一番の子どうしで更に比べ合うなどして、誰が一番長いかを競ってもいいでしょう。
・グループの中で比べる場合、2番目に長い人が勝ち、としてもいいでしょう。

❻　身体をうまく使うトレーニング

❻ 身体をうまく使うトレーニング
指先を使おう（ボール積み）

●子どもに身につけて欲しい力
　指先をうまく使う力と集中力を養います。

主な活動	指導のコツ
①4人くらいのグループを作ります。そしてテニスボールを1人2個ずつ配ります。	○クラス全員で競争してもいいでしょう。
②各自ができるだけ早く2段に積み重ねることを伝えます。グループの中で最も早く積み上げた人が優勝です。ただし積み上げたと思っても途中で落ちることがありますので持続時間は10秒とします。	○本当に積めるかイメージできない子どももいますので、まず教師が前で見本を見せてあげましょう。
③ルールが分かれば、「よーい、はじめ」の声でスタートさせます。	
④スタート後、積めたと思ったら教師に伝えて時間を10秒カウントしてもらいましょう。10秒経っても落ちなければその子は終了です。	○10秒以内に落ちた場合は最初からやり直します。
⑤開始から3分経った時点で一旦終わります。	○誰も積めないこともありますので、時間を決めて一旦終了した方がいいでしょう。
⑥最も早く積んだ子どもを優勝とします。誰も積めなかった場合は優勝者はなしです。優勝者にはグループごとに皆で拍手します。	○なかなか積めそうにない子どもは休み時間などに練習してもらってもいいでしょう。

| 取り組み時間 | 5分（計4回分） | 場所 | 教室 |

用意するもの　テニスボール（1人2個）、ストップウォッチ

図　ボール積みのイメージ

●ワンポイント・アドバイス
・まず、下のボールが転がらないようにしっかりと安定させることが大切です。そこに上にボールを載せ、両指を小刻みに動かし、上のボールが転がらないポイントを探していきます。
・横から見ながら片手で積もうとする子どももいますが、横・上のどちらから見ると上手くいくか、片手・両手のどちらが積みやすいか、いろいろ試してもらいましょう。
・他の子どもが机の上に落としたボールの振動で他の子どものボールが落ちるような場合は、それぞれの机の間に隙間を作りましょう。

❻ 身体をうまく使うトレーニング
集中しよう（おちたおちた）

●**子どもに身につけて欲しい力**

　目と耳を使って注意・集中力を高めます。特に、瞬時に注意の方向を変える力、周囲に流されない力を養います。

主な活動	指導のコツ
①4〜6人くらいでグループを作り輪になって座ります。 ②グループの中で誰かリーダー1人を決め、そのリーダーが、「落〜ちた、落ちた」と言うと、他の参加者は「なーにが落ちた？」と聞いて下さい。 ③リーダーが、「雷」と言うと、参加者はおへそを隠す真似を、「げんこつ」と言うと、参加者は頭を抑える真似を、「リンゴ」と言うと、参加者は胸の前で受け取る真似をして下さい。リーダーも同じ真似をします。 ④リーダーが言った言葉と、違った真似をすると間違いです。参加者は間違わないように集中しましょう。 ⑤慣れてくるとリーダーは言った言葉と違うポーズをとったりして難易度を上げていきましょう。 ⑥何回か行ったらリーダーを交替していきます。	○教師がリーダーとなってクラスの全員で行ってもいいでしょう。 ○リーダーは後で随時交替します。 ○これらの言葉以外に、参加者のレベルに応じて追加してもいいでしょう。例えば、「お金」と言うと、足元を探す真似、「カラス」と言うと何もしない、などです。 ○間違ったらその輪から抜けていき、最後に残った人が優勝としてもいいでしょう。

| 取り組み時間 | 5分（計4回分） | 場所 | 教室 |
| 用意するもの | 椅子 | | |

図　おちたおちたのイメージ

●ワンポイント・アドバイス
・ゆっくり行うと簡単にできてしまうことがありますので、参加者のレベルに応じてスピードを上げていきましょう。
・参加者が目を閉じて行うと耳だけの練習になりますので、目はしっかり開けてリーダーを見ましょう。

❻ 身体をうまく使うトレーニング
集中しよう（船長さんの命令で）

●子どもに身につけて欲しい力

目と耳を使って注意・集中力を高めます。特にやってはいけないことにブレーキをかける力を養います。

主な活動	指導のコツ
①4～6人くらいでグループを作り、輪になって座ります。 ②グループの中で誰か1人を船長さんと決めます。そして船長さんが「船長さんの命令で○○して下さい」と言ったときのみ、他の参加者は○○の指示に従います。 ③例えば船長さんが「船長さんの命令で右手を挙げて下さい」と言えば参加者は右手を挙げます。しかし、「右手を挙げて下さい」だけではその指示には従いません。船長さんも自分の指示に従って自分の身体を動かします。 ④「船長さんの命令で」が前についていない指示に従うと間違いです。参加者は間違わないように集中しましょう。 ⑤慣れてくると船長さんは自分の指示とは違うポーズをとったりして難易度を上げていきましょう。 ⑥何回か行ったら船長さんを交替していきます。	○教師が船長さんとなってクラスの全員で行ってもいいでしょう。 ○船長さんは後で随時交替します。 ○船長さんの命令にはできるだけ早く従うように伝えましょう。 ○間違ったらその輪から抜けていき、最後に残った人が優勝としてもいいでしょう。

| **取り組み時間** | 5分（計4回分） | **場所** | 教室 |

用意するもの 椅子

図　船長さん命令でのイメージ

●ワンポイント・アドバイス
・手や足を挙げておくといった疲れる指示は早く下げたくなりますので、間違いやすいでしょう。
・ゆっくり行うと簡単にできてしまうことがありますので、参加者のレベルに応じてスピードを上げていきましょう。

❻ 身体をうまく使うトレーニング
動きを伝えよう（真似をしよう）

●子どもに身につけて欲しい力

相手の姿位を記憶して模倣することで、静的、動的な動作の記憶方法を学びます。相手を注意して観察することにより、身体を使った作業や仕事を身に付けることに役に立ちます。

主な活動	指導のコツ
（静止模倣・遅延再生） ①教師は基本姿位から始めて、あるポーズを10秒間示します（上半身のみ）。 ②子どもは見てそのポーズを覚えます。 ③教師はポーズを止め基本姿位に戻ります。 ④子どもは目を閉じて、教師が"はい"と言ったら、覚えたポーズを行います。 ⑤皆がポーズし終えたら、教師は再度同じポーズをして子どもに目を開けてもらいます。 ⑥子どもは教師のポーズと同じかを確認して間違っていたら直してもらいます（遅延再生：④から先を時間をあけて行います）。 （時間差模倣） 教師が連続したポーズを示しますが、子どもは教師の1つ手前のポーズを模倣します。各ポーズの提示時間は2、3秒程度とし、ポーズが替わってから模倣してもらいます。連続ポーズ数は10くらいまでにしましょう。	○最初は簡単なポーズから始めます。 ○鏡像になるように真似るのではなく、教師の立場に立って真似るように注意します。 ○静止模倣は難しれば最初は子どもに目を開けてもらって、教師の姿位を見ながら模倣してもらうところから始めましょう。 ○間違えている場合は、間違えていることだけ伝え、自分で直せるまで待ちます。 ○最初は教師のポーズと同時に模倣してもらい、動きに慣れてもらいましょう。連続で行うポーズは簡単なポーズだけにしましょう。

[取り組み時間] 5分（計4回分）　[場所] 教室
[用意するもの] なし

図　静止模倣のイメージ

図　時間差模倣のイメージ（子どもは一つ前のポーズを模倣する）

●ワンポイント・アドバイス
・模倣の難易度は、手が身体の正中線を越えるか、両手とも使うか、示した姿位が何かに例えられるか、などに関係していきます。難しければ、片手だけを使ってその手と同じ側（正中線を越えない）にある身体の部位を触れるところから始めましょう。
・遅延再生では、"授業の最後にやってもらうからしっかり覚えておくように"と伝えます。
・時間差模倣のポーズは子どものレベルに合わせ、難しければ比較的容易な左右対称のポーズを多く使いましょう。

❻　身体をうまく使うトレーニング

❻ 身体をうまく使うトレーニング

動きを伝えよう（相手に伝えよう）

●子どもに身につけて欲しい力

　提示されたポーズを相手に言語だけで伝えることで、身体の働きや使い方に対する観察力と表現力を、また物事を正確に分かりやすく伝えるための力を養います。

主な活動	指導のコツ
①隣の席同士で2人組を作らせたら、伝える側と、伝えられる側に役割を決めます。次の「見ながら伝達」と「覚えて伝達」の2つがあります。 ②「見ながら伝達」では、伝えられる側は目を閉じます。伝える側は前にいる教師のポーズをしっかり見ながら、相手に言葉だけで伝えます。伝えられる側は目を閉じたまま言われたとおりに身体を動かしていき、教師と同じポーズになれば終了です。 ③「覚えて伝達」では、伝える側は教師のポーズをしっかり見て覚えます。そして覚えたポーズを相手に言葉だけで伝えます。伝えられる側はポーズについて納得がいくまで質問します。伝え終わると伝えられる側は目を閉じて教師の合図で一斉にポーズをとってください。教師と同じポーズをしていれば正解です。 ④2つとも終われば、それぞれの役割を交替してまた2つを繰り返します。	○他の子どものポーズが見えてしまうので、伝えられる側は目を閉じておきます。「見ながら伝達」は「覚えて伝達」の事前練習です。 ○伝える側は相手のポーズが教師と同じポーズになるまで伝えます。教師は子どものレベルに応じてポーズの難易度を調整しましょう。 ○ポーズが間違っていれば、「見ながら伝達」と同じ要領で、伝える側は相手のポーズを直してあげましょう。

| 取り組み時間 | 5分（計4回分） | 場所 | 教室 |

用意するもの　なし

図　見ながら伝達

教師のポーズを見ながら伝えます。伝えられる側は目を閉じたままで指示通りに身体を動かします。

図　覚えて伝達

教師のポーズを覚えたら相手にポーズを言葉だけで伝えます。伝えられた側は目を閉じて教師の合図で一斉にポーズをします。

●ワンポイント・アドバイス

・「見ながら伝達」は「覚えて伝達」の事前練習ですので、「見ながら伝達」が難しくてできないレベルなら「覚えて伝達」を行わず「見ながら伝達」を完全にできるまで繰り返します。
・「覚えて伝言」でポーズが間違っていれば、どう伝えてしまったか、どう伝えるべきであったかなどを教師がフィードバックしていくといいでしょう。

❻　身体をうまく使うトレーニング

「見る力をつけよう」 ❶〜❽ 解答

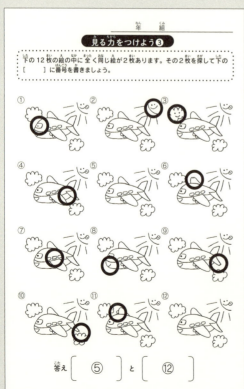

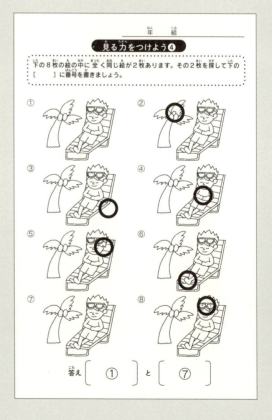

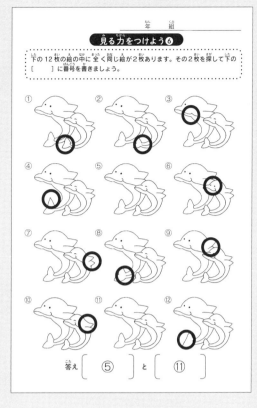
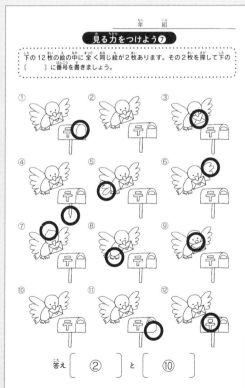
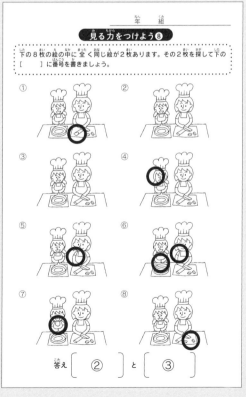

「見る力をつけよう」❾〜⓰　解答

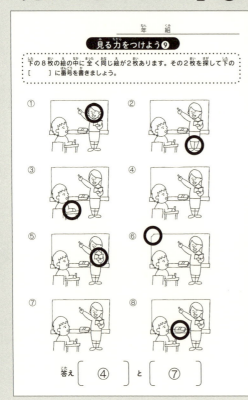

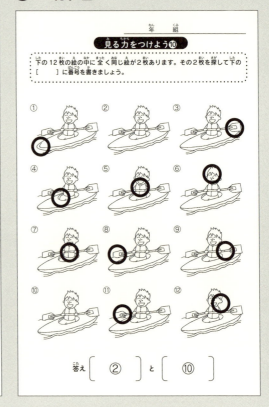

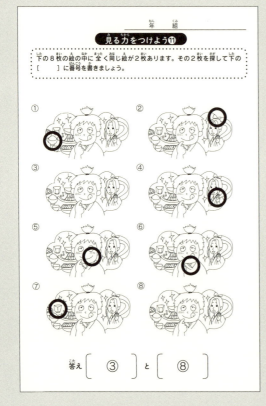

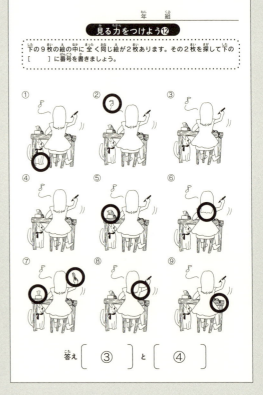

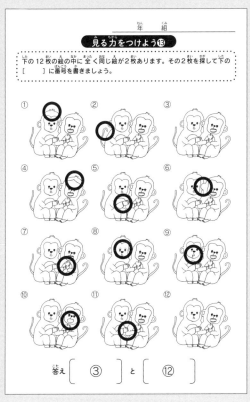
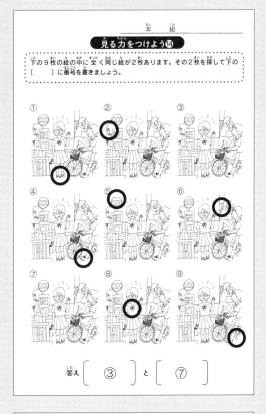

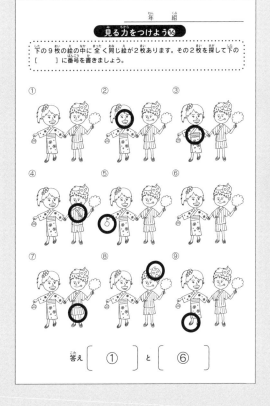

「集中力をつけよう」❶〜❽　解答

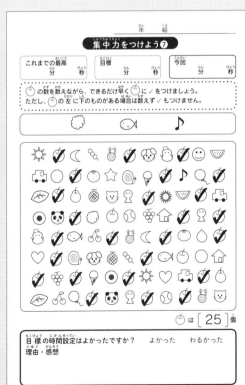

「集中力をつけよう」❶〜❽解答

「集中力をつけよう」❾〜⓰ 解答

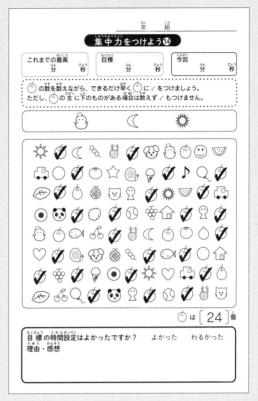
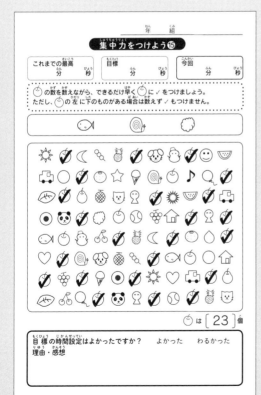
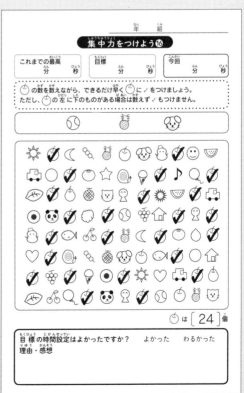

「集中力をつけよう」❾〜⓰解答

【著者略歴】
宮口　幸治

　立命館大学産業社会学部・大学院人間科学研究科教授。京都大学工学部卒業、建設コンサルタント会社勤務の後、神戸大学医学部医学科卒業。神戸大学医学部附属病院精神神経科、大阪府立精神医療センター・松心園などを勤務の後、法務省宮川医療少年院、交野女子学院医務課長を経て、2016年より現職。医学博士、臨床心理士。

　児童精神科医として、困っている子どもたちの支援を教育・医療・心理・福祉の観点で行う「コグトレ研究会」を主催し、全国で教員向けに研修を行っている。著書に、『教室の「困っている子ども」を支える７つの手がかり』『性の問題行動をもつ子どものためのワークブック』（以上、明石書店）、『不器用な子どもたちへの認知作業トレーニング』『コグトレ　みる・きく・想像するための認知機能強化トレーニング』（以上、三輪書店）、『もっとコグトレ　さがし算60初級』（東洋館出版社）等。

１日５分！
教室で使えるコグトレ
困っている子どもを支援する認知トレーニング122

2016（平成28）年10月27日　初版第 1 刷発行
2024（令 和 6）年10月30日　初版第25刷発行

著　者　　宮口　幸治
発行者　　錦織　圭之介
発行所　　株式会社 東洋館出版社
　　　　　〒101-0054 東京都千代田区神田錦町２丁目９番１号
　　　　　　　　　　コンフォール安田ビル２階
　　　　　代　表　電話 03-6778-4343／FAX 03-5281-8091
　　　　　営業部　電話 03-6778-7278／FAX 03-5281-8092
　　　　　振　替　00180-7-96823
　　　　　Ｕ Ｒ Ｌ　https://www.toyokan.co.jp

装　幀　　竹内　宏和（藤原印刷株式会社）
イラスト　オセロ
印刷・製本　藤原印刷株式会社
ISBN 978-4-491-03280-1
Printed in Japan